Levent Özkan

Küreselleşmenin Tarım Ürünleri Dış Ticareti Üzerine Etkileri: Türkiye

Levent Özkan

Küreselleşmenin Tarım Ürünleri Dış Ticareti Üzerine Etkileri: Türkiye

Türkiye Alim Kitapları

Impressum / Künye
Bibliografische Information der Deutschen Nationalbibliothek: Die Deutsche Nationalbibliothek verzeichnet diese Publikation in der Deutschen Nationalbibliografie; detaillierte bibliografische Daten sind im Internet über http://dnb.d-nb.de abrufbar.

Deutsche Nationalbibliothek tarafından yayınlanan bibliyografik bilgiler: Deutsche Nationalbibliothek, bu yayını Deutsche Nationalbibliografie'de listeler; detaylı bibliyografik bilgi İnternet'te http://dnb.d-nb.de sitesinde mevcuttur.

Coverbild / Kitap kapağı resmi: www.ingimage.com

Verlag / Yayıncı:
Türkiye Alim Kitapları
ist ein Imprint der / yayınevinin bir ticari markasıdır
OmniScriptum GmbH & Co. KG
Bahnhofstraße 28, 66111 Saarbrücken, Deutschland / Almanya
Email / E-posta: info@turkiye-alim-kitaplary.com

Herstellung: siehe letzte Seite /
Basım yeri: son sayfaya bakın
ISBN: 978-3-639-67381-4

Zugl. / Approved by: Edirne, Trakya Üniversitesi, 2008

İÇİNDEKİLER

GİRİŞ

Tarım sektörü, öncelikli olarak ülke nüfusunun gıda gereksinimini karşılaması, bunun yanında, tarım ürünlerinin sanayi sektöründe girdi olarak kullanılması ve istihdamda önemli bir yere sahip olması açısından büyük öneme sahiptir. Bu öneminden dolayı, tarımsal üretimin sürdürülebilir hale getirilmesi, ülkelerin dikkatle ele aldığı konuların başında gelmektedir.

20. yüzyılda küreselleşmenin etkilerinin hissedilmeye başlaması ile birlikte, ülkeler küresel çapta rekabet güçlerini arttırabilmek amacıyla bütünleşme eğilimine girmişlerdir. Avrupa kıtasında ekonomik entegrasyon girişimlerinin başarılı sonuçları karşısında, diğer ülkeler de kendi aralarında bütünleşme çabasına girmiş, bunun neticesinde mal ve üretim faktörleri hareketliliği hızlanmıştır. Bu süreçte dış ticaret hacminin hızla artması, dış ticaretin düzenlenmesi ihtiyacını ortaya çıkarmıştır.

İkinci Dünya Savaşı sonrasında dış ticaretin serbestleştirilmesi, malların serbest dolaşımının sağlanması yoluyla büyümenin ve kalkınmanın sağlanabileceği anlayışı ile dünya ticareti önündeki engeller kaldırılmaya çalışılmıştır. Bu amaçlar doğrultusunda birçok ülkenin taraf olduğu, Gümrük Tarifeleri ve Ticaret Genel Anlaşması imzalanmıştır. Ancak, bu anlaşma ile tarım ürünleri ticaretindeki engellerin kaldırılması konusunda, kayda değer bir başarı sağlanamamıştır. Çünkü ülkeler, tarım ürünleri ithalatlarına tarife dışı engeller uygulamaya başlamışlardır.

20. yüzyılın sonlarına doğru yapılan uluslararası görüşmeler neticesinde tarım ürünleri ticaretinde ilerleme kaydedilmiş ve tarife dışı engellerin hemen, tarife engellerinin ise kademeli olarak kaldırılması kararına varılmıştır. Türkiye de bu görüşmelere taraf olan ülkelerden biridir ve anlaşmanın yükümlülükleri altına girmiştir. Bu çerçevede, Türkiye, tarım ürünleri ithalatına koymuş olduğu tarifelerde belli bir zaman döneminde indirimler uygulayacağını taahhüt etmiştir.

Dünya Ticaret Örgütü'nün getirdiği kuralların uygulanması yanında, Türkiye, Avrupa Biriliğine aday üye konumundan dolayı AB Ortak Tarım Politikası çerçevesinde de bazı yükümlülükler üstlenmiştir. Türkiye, tarım sektörünü AB standartlarına yükseltmeli ve tarım politikalarını OTP'ye uyumlaştırmalıdır. Bununla birlikte, AB ile imzalanan Gümrük Birliği Anlaşması'nda tarım ürünlerinin serbest dolaşımının sağlanabilmesi için Türkiye'nin OTP'ye uyumu şart koşulmuş ve bunun için belli bir süre tanınmıştır.

Türk tarım sektörünün GSMH'dan aldığı payın büyüklüğü, sağladığı istihdam seviyesinin yüksek olması, teknoloji kullanımı, eğitim seviyesi, verimlilik ve rekabet gücünün düşük olması gibi nedenlerden OTP'ye uyumda büyük zorluklar yaşayacağı düşünülmektedir. Ayrıca AB'nin uyum için vermiş olduğu mali desteğin diğer aday ülkelerde olduğu gibi yeterli olmayacağı açıktır.

Konunun ayrıntılı incelemesi bu çalışmada yapılmıştır. Bu çerçevede, birinci bölümde küreselleşme kavramı tanımlanmış, bütünleşme hareketleri ve aşamaları incelenerek dış ticarete etkileri ortaya konulmaya çalışılmıştır. İkinci bölümde, dünya tarım ürünleri ticaretinin serbestleştirilmesi ve AB Ortak Tarım Politikası konusunda gelişmelerden söz edilerek, Türk tarım sektörünün bu gelişmeler karşısındaki durumu ortaya konulmuştur. Üçüncü bölümde, Türk tarım sektörünün ekonomi açısından önemi, yapısı, tarım politikaları ele alınmıştır. Dördüncü bölümde ise, VAR yöntemiyle, Türk tarım ürünleri dış ticaretinde, seçilen değişkenlerin etkisi test edilecektir.

BİRİNCİ BÖLÜM

KÜRESELLEŞME VE ENTEGRASYON İLE İLGİŞKİLİ KAVRAMLAR

1. EKONOMİK ENTEGRASYONUN TANIMLANMASI

Entegrasyon kelimesi Latin kökenli bir kelimedir ve "yenileme" anlamına gelen "integratio" kelimesinden türetilmiştir. Oxford English Dictionary'de entegrasyon ise "parçaları bir bütünün içinde birleştirmek" şeklinde tanımlanmıştır ve ilk defa 1920 yılında kullanılmıştır (Bayraktutan, 2004: 7). Ancak iktisadi anlamda entegrasyonun tanımlanması konusunda açık bir şekilde fikir birliğine varılamamıştır (Ertürk, 1993: 5). Entegrasyonun, ekonomik birimleri daha geniş ekonomik birimler haline getirme anlamı oldukça yeni bir kullanım tarihine sahiptir. Machlup, bu terimin ekonomik anlamının ilk kullanım tarihiyle ilgili olarak en erken kanıtın 1947 yılında ortaya çıktığını belirtmektedir (aktaran Bayraktutan, 2004: 7). Böylece entegrasyon kelimesi iktisadi anlamda ekonomik entegrasyonu ifade etmektedir. Ancak ekonomik entegrasyonun neleri kapsadığı konusunda yine ortak bir karara varılamamıştır. Bazı iktisatçılar sosyal ve siyasal alanda bütünleşmeyi de ekonomik entegrasyonun içine katmaktadırlar.

C. P. Kindleberger ekonomik entegrasyonu, üretim faktörleri fiyatlarının eşitlenmesi şeklinde tanımlamış; J. Tinbergen ise ekonomik alanda uluslararası işbirliğinin optimum düzeye getirilmesi şeklinde ifade etmiştir. Besim Üstünel, ekonomik bütünleşmeyi, mal ve hizmet ticaretinin sınırlandırılmadığı, geniş ve ortak bir pazar yaratma şeklinde tanımlamıştır. G. Myrdal kavramı genişleterek bütünleşen ekonomiler arasında hem mal ve hizmetlerin hem de üretim faktörlerinin serbest dolaşımının sağlanması, bunların yanında üye ülkeler açısından fırsat eşitliğinin gerçekleştirilmesi yolu ile ekonomik entegrasyonun ortaya çıktığını söylemiştir. Ayrıca P. G. Hoffman, ekonomik entegrasyonu mal ve hizmetlerin üye ülkeler arasında serbest dolaşımı engelleyen tarife ve tarife benzeri kısıtlamaların, ödeme akışına getirilen engellerin ortadan kaldırıldığı tek ve geniş bir pazarın oluşturulması şeklinde tanımlamaktadır (Bayraktutan, 2004: 8). Entegrasyon konusuna önemli katkıları olan Balassa ise bütünleşmenin birden oluşturulamayacağını, bunun için belli aşamalardan yavaş yavaş ve sırayla geçilmesi gerekliliğini vurgulamıştır. Balassa entegrasyonu, basamaklara ayırmış ve ilk olarak ticaret önündeki engellerin kaldırılmasını, yani ticaret entegrasyonu, ikinci olarak da ülkeler arasındaki üretim faktörleri hareketliliğinin sağlanmasını, diğer bir ifadeyle faktör entegrasyonunu, üçüncü olarak ulusal politikaların uyumlaştırılmasıyla politika entegrasyonunun oluşumunu ve son olarak da tam entegrasyona geçişin sağlanması şeklinde tanımlamıştır. Imre Vajda ise ticaret entegrasyonundan yola çıkarak piyasa entegrasyonu ve gelişme entegrasyonu olarak ikiye ayırmıştır. Vajda piyasa entegrasyonu ile üye ülkelerin birbirlerinin satışlarına koydukları engelleri ortadan kaldırmalarını, gelişme entegrasyonu ile ulusal endüstrilerin uluslararası piyasalarda üretim yapacak düzeye çıkarılmasını kastetmiştir. Lipsey de tek bir tanımın yapılmasının zorluğuna dikkat çekmiş ve bazı ekonomilerin ticaret ve faktör entegrasyonu, bazılarının politika entegrasyonu, bazılarının ise siyasi entegrasyonu seçeceği konusu üzerinde durmuştur. Bunlara sırasıyla ABD-Kanada, İngiltere-Fransa ve sosyalist ülkeler arası entegrasyonu örnek vermiştir (Ertürk, 1993: 5-6).

Geçmiş dönemlerde araştırmacıların yapmış olduğu tanımlara değindikten sonra, tam bir ekonomik entegrasyona ulaşmak için ülkeler arasındaki mal ve hizmet ticareti ile üretim faktörleri mobilitesine, konulan engellerin kaldırılması veya azaltılması, politikaların uyumlaştırılmasıyla ve ortak politikaların oluşturulması gerektiği sonucuna ulaşılabilmektedir.

1.1. EKONOMİK ENTEGRASYONUN AŞAMALARI

Ekonomik birliğe giden yolda ekonomik entegrasyonun (entegrasyon kelimesi yerine bütünleşme de kullanılacaktır) aşamaları sırasıyla Serbest Ticaret Bölgesi, Gümrük Birliği, Ortak Pazar ve Ekonomik Birliktir. Bu kavramları sırasıyla alt başlıklar biçiminde ele alınarak açıklanması gerekli görülmektedir.

1.1.1. Serbest Ticaret Bölgesi

Serbest piyasa ekonomilerinde bile devlet, iç ve dış ticarete, yatırım ve tasarruflara, üretim ve tüketime, kısacası ekonomik hayata müdahale edebilmektedir. Bu müdahalenin nedeni de serbest piyasa ekonomisinin yarattığı bazı aksaklıkları gidermek ve ekonominin sağlıklı işleyebilmesini sağlamaktır. Sorunların en fazla görüldüğü ekonomilerin gelişmekte olan ekonomiler olduğu bir gerçektir. Gelişmekte olan ekonomilerde devletin, sağlıklı işleyebilmesi için, ekonomiye getirdiği bazı kısıtlamalar, dış ticareti engelleyici bir etki yaratmaktadır. Bunun önüne geçilebilmesi için bazı özel uygulamalara başvurulmaktadır. Söz konusu özel uygulamalardan bir tanesi de serbest ticaret bölgeleridir (Alpar ve Ongun, 1988: 63).

Serbest ticaret bölgeleri, malların bölgenin içine kısmen gümrüksüz ithal edilebildiği, belirli sürülerle depolanabildiği, işlenebildiği ve tekrar kısmen gümrüksüz ihraç edilebildiği alanlardır. Serbest ticaret bölgesi anlaşmasına taraf olan ülkeler kendi aralarında belirli mallar için tarife ve kotalarda indirimlere gederler, buna karşılık taraflardan her biri diğer ülkeye danışmaksızın üçüncü ülkelere karşı kendi gümrük sınırlarını istediği gibi düzenleyebilir (Siebert, 1999: 187). Bu alanlarda yapılacak işlemler, depolama, yeniden ambalajlama, hafif montaj, sınıflama ve nakliye araçlarına gümrük vergisi ödemeden yeniden yükleme olarak tanımlanabilir (Alpar ve Ongun, 1988: 64). Ancak, bu bölgelerde sınırların tamamen kaldırılması, ortak bir tarife uygulanması, üretim faktörlerinin yeniden düzenlenmesi veya ekonomik politikaların ülkeler arasında uyumlaştırılması gibi bir durum söz konusu değildir. Burada asıl amaçlanan, belirli bir bölgenin belirlenmesiyle bu bölge sınırları içerisinde, iki veya daha fazla ülkenin kendi aralarındaki ticareti geliştirmek amacıyla bazı sınırları ortaklaşa aldıkları siyasi ve hukuki kararlar ile kaldırmaktır (Dedeoğlu, 1996: 35-36).

Ülkede geçerli mali-iktisadi mevzuatın tamamen veya kısmen uygulanmaması durumuna göre, bu bölgeler Açık Serbest ve Kapalı Serbest Bölgeler olarak ikiye ayrılabilir. Eğer ülkede yasalar ve/veya kurallar uygulama dışı bırakılıyorsa, bu bölgeler Açık Serbest Bölgeler olarak nitelendirilmektedir. Ülkeye ilişkin yasa ve/veya kurallar kısmen uygulanıyor ise Kapalı Serbest Bölgeler olarak ifade edilmektedir. Bunlarda belli türdeki ekonomik faaliyetlere izin verilirken, gerçekleşecek faaliyetlerde seçicilik söz konusudur (www.zevkli.org).

1.1.2. Gümrük Birliği

Gümrük birliği (GB), serbest ticaret bölgelerine göre daha ileri bir aşamayı tanımlamaktadır. GB'nde anlaşmaya taraf olan ülkeler karşılıklı olarak gümrük vergilerini, tarifelerini ve kotalarını kaldırarak ortak bir dış ticaret politikası belirlerler. Yani bu ülkeler GB ile dış ticaret politikalarını, anlaşmaya taraf olan ülkelerden bağımsız olarak gerçekleştiremezler.

GB'nde üretim faktörlerinin tamamında serbest dolaşım yoktur. Yani kişi, hizmet ve sermayenin dolaşımında kısıtlamalar bulunmakla birlikte malların gümrüksüz olarak ticarete konu olması sağlanır.

Bir ülke gümrük sisteminde malları iki şekilde ele alır. Bunlardan birincisi malları türlerine göre ayırarak ele almak, ki bu gümrük teorisinin kapsamına girer; ikincisi ise malları geldikleri ülkelere göre ayırmaktır, bu da bütünleşme teorisinin kapsamına girer. Gümrük birliğinin teorisi ilk kez Jacop Viner, 1950 yılında yazdığı kitapla ele almıştır. O'na göre gümrük birliği serbest ticareti geliştirdiği halde dünya refahına hem olumlu hem de olumsuz etkilerinin olacağını savunmuştur. Viner'e göre gümrük birliğinin belli başlı üç koşulu vardır ve bunlar aşağıdaki gibi sıralanmıştır:

- Gümrük birliğine taraf ülkelerin kendi aralarında kota ve tarife benzeri etki gösteren sınırlamaları kaldırılmaları.
- Birlik dışından yapılan ithalatta ortak ve tek bir tarife uygulanmaları.
- Önceden belirlenmiş bir kurala göre gümrük gelirlerinin taraflar arasında bölüştürülmesi (Dedeoğlu, 1996: 36-37).

Yukarıda sayılan koşulların, benzer yapıdaki rakip ekonomilerin oluşturduğu gümrük birliğinde geçerli olacağı varsayılmıştır. Böyle bir durumda ticaretin yönü değişmeyeceğinden, yani birliğe katılan ülkelerin birlik dışındaki ülkelerden yaptıkları ithalat büyük ölçüde etkilenmeyeceğinden, Gümrük Birliği'nin ticaret arttırıcı etkisi yarattığı savunulmuştur. Ancak, tamamlayıcı ekonomiler arasında gümrük birliğinin tesis edilmesi durumunda birliğe üye ülkenin yapmış olduğu ithalat, düşük maliyetli birlik dışı ülkeden, birlik içindeki yüksek maliyetli ülkeye kayıyorsa, diğer bir ifade ile birlik dışındaki ülkelerin yaptığı ihracat azalıyorsa ticaret saptırıcı etki ortaya çıkmaktadır (Sabır, 2007: 1-2).

1.1.3. Ortak Pazar

Ekonomik bütünleşmelerde, gümrük birliğinden sonraki aşama Ortak Pazarın oluşturulmasıdır. Ortak Pazar, gümrük birliğinde değinildiği gibi, sadece malların serbest dolaşımını değil bunun yanında emeğin, sermayenin ve girişimcinin de serbest dolaşımını mümkün kılan bir bütünleşme şeklidir (Siebert, 1999: 188). Öncelikle üye ülkeler iç politikalarını ortak pazara yönelik uyumlaştırma çabasına girişirler. Maliye ve iktisat politikalarının uyumlaştırılması süreci ile birlikte sınırların kaldırılması söz konusudur. Sınırların kaldırılmasından kasıt, fiziksel sınırların kaldırılması, teknik sınırların kalkması ve mali sınırların kalkmasıdır (Dedeoğlu, 1996: 38).

Fiziksel sınırların kaldırılmasıyla, kişilerin ve malların hiçbir engelle karşılaşmadan bir ülkeden diğer ülkeye geçmesi sağlanır. Ancak, kişilerin serbest dolaşımını kısıtlayan tek sebep sınırlar değildir. Sosyal faktörler de kişilerin hareketliliğini yavaşlatan sebeplerden biridir. Çoğu insan arkadaş, aile ve iş çevresini terk etmek istemeyebilir. Bunun yanında her bir ülke için mesleklerde bazı içerik farklılıklar vardır. Örneğin, bir avukat diğer ülkelerdeki kanunların kendi ülkesinden farklı olması sebebiyle başka bir ülkeye gitmeyi tercih etmeyebilir (Cleaver, 2002: 114).

Teknik sınırların kaldırılmasından kasıt, normlar, hukuk prosedürleri, radyo televizyon yayınları, sermaye hareketleri veya hizmet dolaşımı önündeki engellerin giderilmesidir. Ortak pazarda amaç üretim faktörlerinin dolaşımını sağlamak olduğu kadar bunların dolaşım hızını da artırmaktır. Bankacılık sektörünün, hukuki altyapının ve telekomünikasyon hizmetlerinin uyumlaştırılması, ortak pazarın başarısını arttırmak bakımından oldukça önemlidir.

Mali sınırların kaldırılmasıyla, aslında, dolaylı vergilerin kaldırılması amaçlanmaktadır. En iyi bilinen dolaylı vergi ise katma değer vergisidir. Bu saydığımız üç kısıtın kaldırılması ile maliyetler düşürülmüş, işbölümü ve uzmanlaşma sağlanmış olacaktır. Böylelikle daha geniş bir iç pazar yapısı sağlanmış olacak ve işletmelerin büyümesiyle içsel ekonomiler ve işletmelerin birbiriyle olan ilişkilerinin gelişmesi sonucu dışsal ekonomiler ortaya çıkacaktır (Dedeoğlu, 1996: 38-39).

Ortak pazarın tüm gerekleri yerine getirildikten sonra daha ileri bir bütünleşme şekli olan ekonomik birliğe geçmek mümkün olabilecektir.

1.1.4. Ekonomik Birlik

Ekonomik birlik, ekonomik bütünleşmenin son aşaması olarak tanımlanır. Bu tür birlik, ekonomik, mali ve sosyal politika alanlarında bir bütünlüğün oluşturulduğu ve farklılıkların giderildiği bir ortamdır. Bundan dolayı artık birliği oluşturan her bir ülkeden ayrı ayrı söz etmek mümkün değildir. Ancak, birliği oluşturan her bir ülkenin, birliğin değişik bölgelerini oluşturduğu söylenebilir. Bu durumda ekonomik birliğin oluşum sürecinde, uluslarüstü ekonomik politikaların üretilmesine ihtiyaç duyulacaktır (Dedeoğlu, 1996: 40).

Ekonomik Birlik, kısmen ortak para birimi ve ortak para politikalarının izlendiği bir bütünleşme şeklidir. Bu durum ortak bir merkez bankasının ve diğer ekonomik kuruluşların oluşturulmasını da zorunlu kılacaktır. Yeniden düzenlenmiş mali politikalar, ülkeler arasında farkları giderilmiş finansal piyasalar, sanayi ve rekabet politikaları ve hatta ülkeler arasındaki büyüme hızı farklılıklarından doğan problemleri giderebilecek bölgesel kalkınma politikaları ile yapısal fonlar oluşturmak gerekmektedir (Cleaver, 2002: 95).

Ekonomik Birlik içerisinde konusu geçen diğer bir kavram da Parasal Birliktir. Parasal Birliğin ekonomik birliğin ön koşulu mı yoksa sonrasında mı sağlanması gerektiği bir tartışma konusu olmakla birlikte para politikasının ekonomi politikalarının bir aracı olması sebebiyle bu iki bütünleşme şeklini birbirinden ayırmak mümkün değildir. Ekonomik birlik, sermayenin serbest dolaşımını öngördüğü için üye ülkeler arasındaki finansal sistemin uyumlaştırılması, faiz oranları ve kredi gibi konularda ortak politikaların üretilmesi gerekmekte, fiyat istikrarının sağlanması ve enflasyonun üye ülkeler arasındaki farkının giderilmesi önem kazanmaktadır. Bunların yanında döviz kuru belirsizlikleri, değişim maliyetleri, dış ticaret açıkları, büyük sorunlar teşkil etmektedir (Dedeoğlu, 1996: 41). İşte bu gibi problemlerin önüne geçilebilmesinde parasal birlik çözüm olabilmektedir.

1.1.5. Siyasi Birlik

Daha önce de bahsettiğimiz gibi iktisadi bütünleşme ortak politikaların izlenmesini zorunlu kılmakta, böylelikle ülkeler arasında yakınlaşmalara yol açmaktadır. Her ne kadar entegrasyonun temel amacı siyasi olarak yakınlaşma olmasa da bu durum kaçınılmaz görülmektedir. Ortak politikaların oluşturulabilmesi, ancak ortak ve uluslarüstü kurumların oluşturulmasına bağlı olmaktadır. Taraf ülkeler bu kurumlara bazı yetki ve sorumluluklarını devretmek zorunda kalırlar ki tartışmaların başladığı nokta da burasıdır. Amaç, entegrasyona katılan ülkelerin asimilasyonu olmadığı halde, bazı egemenlik haklarının uluslarüstü kurumlara devredilmesi zorunluluğu bu korkuyu akla getirmektedir. Bundan dolayı, hükümetleri ve kitleleri egemenlik haklarının paylaşılması konusunda ikna etmek gerekmektedir.

Bazı bütünleşme türlerinde, taraf olan ülkeler bağımsızlıklarını korurlarken bazılarında tek bir ülke haline gelerek yekti ve sorumluluklarının bir kısmını veya tamamını bu yeni oluşuma devrederler. Böyle bir oluşum da siyasi birlik aşamasını ifade eder. Siyasi birliğin oluşturulması ekonomik birliğin sağlanmasından daha karmaşık ve sancılı bir süreçtir. Ekonomik birliği meydana getirirken taraf ülkelerin ekonomik gelişmişlik seviyelerinin birbiri ile benzerlik göstermesi entegrasyonu kolaylaştırdığı gibi siyasi birliğin sağlanabilmesi için de ekonomik, sosyal ve kültürel yönden elverişli koşulların var olması siyasi bütünlüğün sağlanmasını kolaylaştıracaktır. Bu elverişli koşulları şu şekilde özetlemek mümkündür (Dedeoğlu, 1996: 46):

- Siyasal ve hukuksal değerlerin benzeşmesi
- Göreceli kültürel homojenlik
- Bütünleşmenin basit bir düzeyden başlatılması
- Ekonomik birliğin sağlanmış ve ortak kurumların oluşturulmuş olması

- Sürecin azınlığa değil genelin yararına olduğuna, yarar ve sorumlulukların eşit paylaşılacağına inanılması
- Uluslararası ortamda birlikte hareket etmeyi gerektirecek ekonomik ve siyasi krizlerin varlığı

Sayılan bu koşulların varlığı durumunda Siyasi Birliği sağlamanın daha kolay olacağını varsayıyoruz.

2. KÜRESELLEŞME, BÖLGESELLEŞME VE DIŞ TİCARET

2.1. Küreselleşme

Son yıllarda gündemden düşmeyen küreselleşme, çeşitli bilim dalları tarafından da sıkça kullanılan bir kavramdır. Bu kavram için değişik tanımlamalar yapılmış, ancak ortak bir tanıma varmak mümkün olmamıştır. Kavramın farklı öğeleri içerisinde barındırması ve oldukça geniş bir kapsamının olması bütünleşik bir tanımının yapılmasını güçleştirmektedir. Fakat, küreselleşmeyi en geniş anlamda ekonomik, finansal, politik ve sosyo-kültürel düzeydeki değişimler olarak ifade etmek mümkündür. İktisadi anlamda küreselleşme ise, liberalleşme çabalarının yanında mal ve faktör piyasalarının en üst düzeyde entegrasyonudur. Diğer bir ifade ile mal, hizmet ve üretim faktörlerinin serbest dolaşımı ve bunların serbest ticaretidir. Küreselleşme olgusu, uluslararası ticareti, uluslararası sermaye hareketlerini, doğrudan yabancı sermaye yatırımlarını, uluslararası göçü, teknoloji ve telekomünikasyon alanındaki gelişmeleri de kapsamaktadır (Das, 2004, 5). D. Salvatore de küreselleşmeyi tanımlarken bu konuya dikkat çekmiş; teknolojinin ve telekomünikasyonun gelişmesi ile ticaretin ve sermaye hareketlerinin dünya çapında artan oranda büyümesi, ekonomilerin bütünleşmesi, bunun yanında kişilerin ve fikirlerin hareketliliğinin küreselleşme anlamına geldiğini belirtmektedir (Salvatore, 2007: 13).

Küreselleşmenin çok disiplinli ve çok yüzlü olması ekonomik, finansal, ticari, siyasi, teknolojik, çevresel, kültürel, eğitim, uluslararası ilişkiler, ulusal ve uluslararası güvenlikle ilgili özelliklerinden kaynaklanmaktadır. Küreselleşmenin, faktör fiyatlarını etkilediği kabul edilir. Ekonomik boyutu, mevcut global trendi gerekli kılmaktadır. Bunlar da malların ve hizmetlerin yanında sermaye ve işgücü gibi üretim faktörlerinin de serbest dolaşımıdır. Bu hareketlilik de ulusal ekonomilerin bütünleşmesine katkıda bulunur. Doğal olarak entegre olmuş dünya piyasaları ekonomik özgürlüğü artırarak rekabeti teşvik etmektedir; bunun sonucunda ekonomilerin verimliliğini arttırması ve kapalı ekonomilerin global piyasalara kendilerini açmaları için yardımcı olmaktadır (Das, 2004: 2).

Küreselleşme olgusu kavramsal açıdan çok geniş bir hareket alanına sahiptir. Küreselleşme hayatımızda her alanda etkisini göstermektedir, ancak ekonomik anlamda küreselleşmeden bahsetmek için konuları alt başlıklara ayırarak incelemek, bu olguyu daha iyi anlamamıza yardımcı olabilecektir. İlk olarak finansal küreselleşmeden bahsetmek doğru alacaktır.

Özellikle son yıllarda teknoloji ve telekomünikasyon alanında yaşanan hızlı ilerleme sermaye hareketliliğinin artmasına yardımcı olmuş, uluslararası sermaye ülke sınırı tanımadan dünyanın bir köşesinden diğer köşesine çok kısa bir zamanda geçebilme kabiliyeti kazanmıştır.

Uluslararası sermayenin asıl ve birinci amacı kâr elde etmektir. Bunları yaparken üç değişik şekilde hareket eder. Bunlardan birincisi mali piyasalarda kısa vadeli dolaşan akışkan fonlardır. İkincisi, doğrudan yabancı sermaye yatırımları olarak adlandırılan sermayedir. Bu tür sermaye gittiği yerde fiziksel yatırım yaparak bulunduğu yerde istihdamı ve üretim kapasitesini artırır. Üçüncüsü bunların bileşimi olarak varsayabileceğimiz ve geldiği ülkedeki özel ve/veya tüzel kişilikleri satın alan sermayedir (Kazgan, 2000: 161). Aşağıdaki grafikte dünyadaki doğrudan yabancı sermaye hareketleri yıllar itibari ile gösterilmiştir.

Grafik 1. Dünyada Doğrudan Yabancı Sermaye Yatırımları, 1980-2006 (Milyar USD)

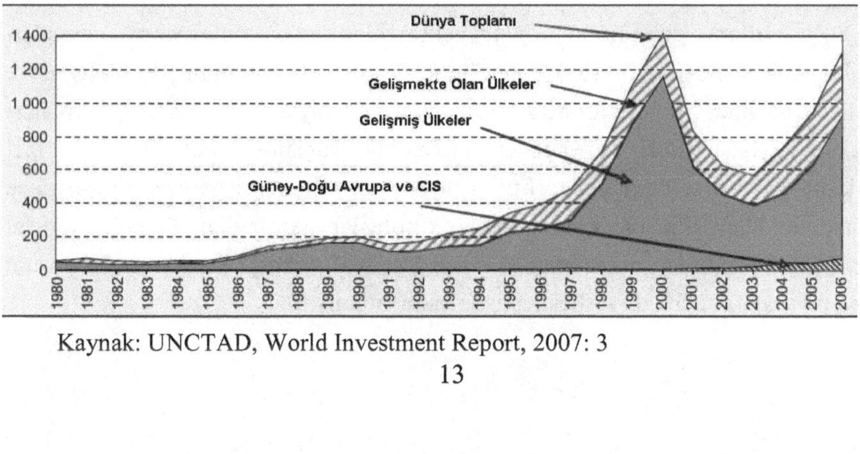

Kaynak: UNCTAD, World Investment Report, 2007: 3

1950'li yıllardan önce yabancı sermaye önemsiz denecek düzeydeydi. Bu dönemlerde yabancı sermaye daha çok hammadde kaynaklarına ulaşabilmek veya bunları çıkarabilmek amacıyla harekete geçmiştir. Sermaye hareketlerini serbest bırakma fikri ancak ikinci dünya savaşından sonra ortaya çıkmıştır. Öyle ki ikinci dünya savaşından sonra büyük yıkıntılar içerisinde kalan Avrupa'yı yeniden yapılandırabilmek ve dünya ticaretini yeniden hareketlendirebilmek için Dünya Bankası, IMF, OECD gibi kurumların yardımıyla sermaye hareketlerinin serbestleştirilmesi fikri daha da gelişmiştir (Efe, 2002: 5-20).

Yaşanan tüm bu gelişmelere rağmen sermayenin hareketliliği sınırlı kalmıştır. Bunun başlıca sebeplerinden biri dünyanın ikinci dünya savaşından sonra iki kutuba bölünmesidir. Sovyetler Birliğinin kapalı bir ekonomik politika izlemesi ve ABD-SSCB arasında esen soğuk rüzgarlar nedeniyle sermayenin göze alacağı yüksek risk sermayenin hareketliliğini kısıtlamıştır. Bir diğer sebep ise teknolojinin hızlı gelişmesi ve emeğin verimliliğini sürekli olarak arttırarak gelişmiş ülkelerin gelişmekte olan ülkelere göre hala verimli olması ve dış ticarette üstünlüğünü koruyabilmesidir. Bu sebeple de sermaye, ülke sınırları dışına çıkmak yerine, kendi ülkesinde yatırım yaparak daha az risk almış ve daha yüksek kârlar elde etmiş olmaktadır.

Ancak 70'li yıllara gelindiğinde durum değişmeye başlamıştır. Bu yıllarda kullanılan teknoloji emeğin verimliliğine daha az katkı sağlar hale gelmiş, yaşanan petrol krizleriyle girdi maliyetleri yükselmiş, gelişmiş ülkelerin uyguladıkları iktisadi politikalar sebebiyle faiz oranları büyük ölçüde düşmüştür. Sermaye kendisine kâr sağlayacak yeni alanlar aramaya başlamış ve böylece kendilerine daha yüksek faiz teklif eden gelişmekte olan ülkelere doğru kaymaya başlamıştır. Bunun anlamı da sermayenin reel piyasalardan, mali piyasalara geçmesidir.

80'li yıllara gelindiğinde gelişmekte olan ülkelerin makro dengeleri bozulmaya başlamış, dış borç ödemelerinde sorunlar ortaya çıkmıştır. Gelişmekte olan ekonomiler, bu istikrarsız duruşları nedeniyle sıkı para politikaları uygulamaya başlayacak ve yabancı sermayenin kaçışını engellemek için faiz oranlarını yükseltmeleri gerekecektir. Ancak yeni kredilerin gereksinimi arttıkça gelişmekte olan ülkeler kredi veren kuruluşlar tarafından önemli yapısal değişiklikler yapılmaya zorlanmıştır. Özellikle IMF, verdiği kredilerin ön koşulu olarak piyasaların daha da serbestleştirilmesini istemiştir.

Asya Kaplanları olarak adlandırılan Güney Kore, Tayvan, Singapur, Hong Kong gibi ülkeler bu yıllarda ithal ikameci politikalardan vazgeçerek ekonomilerini dış rekabete açmış, ülke sınırları içerisine yabancı sermayenin girmesine izin vermiştir. Böylelikle yabancı sermayenin önündeki engeller birer birer ortadan kalkmaya başlamıştır.

90'lı yıllar dünya ekonomisi için yeni bir dönüm noktasını ifade etmektedir. Sovyetler Birliğinin 1991 yılında yıkılmasıyla birlikte Doğu Bloğu çökmüş ve kapitalizm büyük bir zafer kazanmıştır. Uluslararası sermaye artık sınır tanımadan dünyanın dört bir köşesinde dolaşabilecek ve eskisine göre daha az bir risk payı ile yatırım yapabilecektir. Çok uluslu şirketler bu yıllarda yatırımlarını artırmış ve yüksek kâr elde eder duruma gelmişlerdir. Yabancı sermaye, ekonomilerin serbestleşmesiyle, girdi fiyatlarının (özellikle emeğin fiyatının) düşük olduğu bölgelere ve ülkelere hızla girmiş ve büyük rakamlarla ifade edilen yatırımlar yapmışlardır. Bütün bu olumlu gelişmelere rağmen 1996 yılından sonra ekonomiler istenilen performansı gösterememiş dünya çapında krizler ortaya çıkmaya başlamıştır. Sırasıyla Asya Krizi daha sonra da Rusya Krizi dünyadaki ve özellikle bu bölgedeki yüksek büyüme oranlarını aşağı çekmiştir. Bu krizlerin sebebinin de büyük ölçüde spekülatif amaçla dolaşan yabancı sermayenin olduğu iktisatçılar arasında kabul görmüştür (Krugman 2006: 92-93, 143). Bu gelişmelerden sonra ülkeler yabancı sermaye girişlerini denetim altına almaya çalışmış ve bunların yatırım alanlarına yönelmesini sağlamaya çalışmışlardır.

Aşağıdaki grafik, gelişmekte olan ülkelere 1970'li yıllardan itibaren sermaye akışlarını göstermektedir. Asya ülkelerinde, özellikle Güneydoğu Asya ülkeleri, 1980 sonrası ithal ikameci ve korumacı politikaları uygulamaktan vazgeçtiği ve bunun yanında 1991 yılında komünizmin çökmesinden sonra sermayenin göze aldığı risk oranı azaldığı için, yabancı sermayeyi ülkelerine çekmeye başlamışlardır. Ancak 1997 yılında Asya Krizi ve ardından 1998'de Rusya Krizi gibi mali ve finansal krizler yabancı sermayenin bölge dışına kaçmasına neden olmuş böylece bu ülkelerin de büyüme oranlarında düşüşler yaşanmıştır.

Benzer nedenlerden Latin Amerika ülkelerinde de aynı sorunlar gözlenmiştir. 1994'te başlayıp 1995 yılında Tekila Krizi'yle sonuçlanan mali sorunlar bu ülkelerde de sermaye hareketlerine bağlı olarak büyüme oranlarının düşmesine neden olmuştur. Geçiş Ekonomileri ise zayıf ve kırılgan yapılarından dolayı bu krizlerden olumsuz etkilenmişlerdir.

Grafik 2. Gelişmekte Olan Ülkelere Özel Sermaye Akışları ve GSMH'lanın yıllık büyüme oranı, 1970-2004

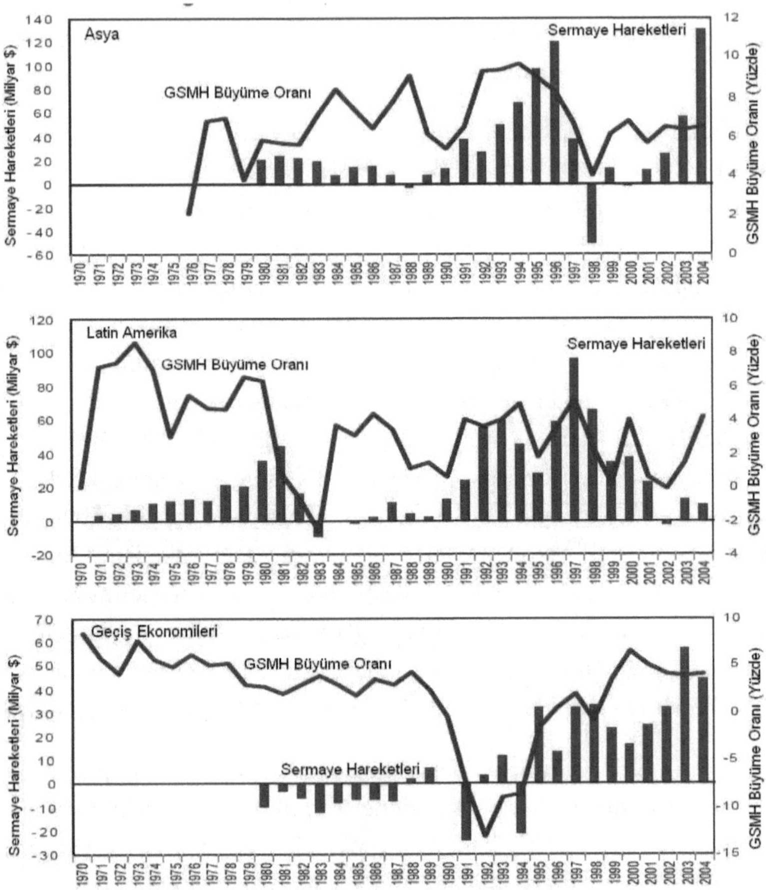

Kaynak: Kaminsky, 2005: s.16

Küreselleşmeden bahsederken değinilmeden geçilemeyecek bir diğer önemli konu da Çok Uluslu Şirketler (ÇUŞ)'dir. Her ne kadar tanımı konusunda değişik fikirler olsa da, özelliklerini de ortaya koymak açısından Şatıroğlu'nun yapmış olduğu tanımı kullanmak ÇUŞ'lar hakkında yeterli bilgiyi verecektir (Şatıroğlu, 1984: 24):

"Çokuluslu şirketler birden çok ülkede esas itibariyle bir ya da birden fazla birbirinden bağımsız da olabilen malın üretimi, dağıtımı ve pazarlanmasıyla ilgili ekonomik faaliyetlerde bulunan; faaliyette bulunduğu ülkelerdeki bağlı şirketlerin faaliyet ve yönetimlerini merkezi olarak etkileyen ve/veya kontrol edebilen; güçlü finans-kapital, teknoloji ve ulaştırma-haberleşme imkanlarına sahip ve bu nedenle uzmanlaştığı mal ve/veya mal gruplarında uluslararası merkezi üretim ve faaliyet planları düzenleyen; genellikle ana ülke devletlerinin bizzat ortak oldukları ya da destekledikleri; temeli özel sermayeye dayalı ve nihai bir analizde şirket sisteminin ve ana ülkenin, kar/kazanç ve ekonomik çıkarlarını evrensel düzeyde maksimumlaştırmayı amaç edinen; monopol, monopson ya da genellikle oligopol piyasaları oluşturabilmiş ve fakat evrensel kapitalizmi ulusal ve uluslararası ekonomik, mali, siyasi, hukuki ve sosyal engelleri aşarak gerçekleştirmeye yönelik; kapitalizmin evrim-oluşum sürecinde çağdaş kapitalizmi simgeleyen; sistem ve ideolojik farklılıklar gözetmeksizin evrensel boyutlarda yatay ve dikey bütünleşmelerle organize olmuş; ulusal ve uluslararası istiktarsızlıklardan uzun dönemde etkilenmeyen tüm bu ve benzeri özelliklerinden dolayı kaynakların şirket sistemi açısından optimal dağılımına imkan vererek maliyetlerde tasarrufta bulunabilecek esnek ve dinamik yapı ve organizasyonda entegre firma ya da firmalar topluluğudur."

Bazılarına göre ÇUŞ'lar korkulması gereken şirketlerdir. Çünkü, çok fazla büyüdükleri ve güçlendikleri için ulus devletin yasal ve demokratik otoritesini bozabilecek güce sahiptirler (Waters, 1996: 76). Ancak, bazı gelişmekte olan ülkelerin ekonomik kalkınma yolunda liberal politikalar izlemesi, ülkelerine gelecek olan yabancı sermayenin ve yatırımların önündeki engelleri kaldırması hatta bunları teşvik eder politikalar izlemesi bu ülkeleri yabancı sermaye için cazip hale getirmiş ve kalkınma hamlelerini gerçekleştirmelerine olanak sağlamıştır. Örneğin Hong Kong her türlü dövizin finansal piyasalara denetimsiz giriş çıkışına izin vermiş, ayrıca Çin'e yakınlığından kaynaklanan, ucuz işgücüne sahip olduğu için ÇUŞ'ların en çok ilgi gösterdiği ülke haline gelmiştir. Öyle ki bir çok şirket yönetim ve idare birimlerini bu ülkeye taşımıştır. Başka bir örnek olarak da Singapur'u vermek mümkündür. Herhangi bir doğal kaynağı veya sanayisi olmadığı halde, hizmet sektörünü geliştirmiş, yabancı sermayenin ve yatırımcının ülkesine girmesinin önündeki engelleri kaldırmış ve ucuz işgücünden de faydalanarak kalkınma hamlesini gerçekleştirmiştir. ÇUŞ'lar, amaçları karlarını maksimize etmek olduğundan, üretim faktörlerinin ucuz olduğu ve devlet müdahalelerinin en az olduğu ülkelerde üretim yapmakta, hatta herhangi bir malın her bir parçasını ayrı ülkede üretmektedirler. Böylelikle, ÇUŞ'lar o kadar çok büyümüşlerdir ki bu şirketlerden tamamının toplam satışları, en büyük ekonomiler haricinde bütün ülkelerin GSMH'larını aşmaktadır. UNCTAD'ın yapmış olduğu çalışmaya göre dünyanın en büyük 100 ekonomisinden 51'i uluslarüstü şirketlerdir (Petras ve Veltmeyer, 2006: 50).

Küreselleşmenin diğer bir yüzü de sosyal ve kültürel küreselleşmedir. Fikirlerin, inançların ve bilginin uzun mesafeli hareketliliği sosyokültürel küreselleşmeyi ortaya çıkarmaktadır (Das, 2004: 11). Çoğu zaman, sosyokültürel küreselleşmeyi (ülkeden ülkeye gezen tv programları, yarışmalar gibi) ekonomik ve askeri küreselleşme takip etmektedir. Bu bağlamda fikirler kendiliğinden zorlayıcı güçtür. Fikirler ekonomik ve askeri güç ile birlikte hareket etmektedir, böylece toplumları değişime uğratmaktadırlar. Bunun yanında her bir bireyi ve onların kişisel kimliklerini, onların kültüre karşı yorumlarını, siyasi görüşlerini, çalışma ve inanç tarzını değişime uğratabilir (Das, 2004: 11). Yine, teknolojideki hızlı değişimin etkisiyle gelişen ve dünyaya hızlı yayılan medya, moda ile internetin etkisi alışkanlıkları ve tercihleri değişmeye zorlamaktadır.

Küreselleşmenin değişik boyutlarının olması ekonomik olmayan başka sonuçların ortaya çıkmasına neden olmuştur. Örneğin internetin yaratmış olduğu devrim ekonomi, finans, siyaset, eğitim ve kültür alanındaki bilgilerin de hareketliliğini sağlamıştır. Kesintisiz, kolay iletişim ve ulaştırma olanaklarının gelişmesi dünya çapında küreselleşmeyi tetiklemiştir. Ayrıca, yaşam süresini uzatan tıp teknolojilerinin gelişerek yaygınlaşması, sağlık açısından refahın artmasına yardımcı olmuştur.

Diğer taraftan Uluslararası Para Fonu (IMF) ve Dünya Ticaret Örgütü (WTO) gibi uluslarüstü kuruluşlar da küreselleşmenin artmasında ve yayılmasında bir altyapı oluşturmuşlardır. Bu bağlamda, ekonomiler ve ülkeler artan ölçüde birbirlerine bağımlı hale gelirken, mal ve hizmetler ülke sınırlarını aşmış, üretim faktörleri akışkanlığı da artmıştır. Ancak, burada bahsedilen karşılıklı bağımlılık konusu, küreselleşmeye nazaran daha dar bir konudur. Çünkü, küreselleşme uluslararası ticareti, uluslararası sermaye hareketlerini, doğrudan yabancı sermaye yatırımlarını, uluslararası göçü ve uluslararası iletişim teknolojilerindeki gelişmeleri de içine almaktadır. Ayrıca, uluslararası ticareti geliştirmek için ulusal politikaların uyumlaştırılması ve liberalleştirilmesini zorunlu kılmaktadır. Buna karşın, karşılıklı bağımlılık, ekonomiler veya ülkeler arasındaki tek bir bağlantıyı ifade etmektedir. Örneğin, Japonya ve ABD arasındaki ekonomik ve stratejik işbirliği ya da Avustralya ve Yeni Zelanda arasındaki Yakın Ekonomik İlişkiler (CER) anlaşması, küreselleşmeyi değil, karşılıklı bağımlılığı ifade etmektedir (Das, 2004: 6).

Dünyadaki küreselleşme eğilimini görebilmek için İsviçre Ekonomi Enstitüsü'nün yapmış olduğu KOF endeksine bir göz atalım. Aşağıdaki grafikte 1970-2004 yılları arasında, dünyanın küreselleşme durumu gözler önüne serilmiştir. Yapılan araştırmaya 122 ülke dahil edilmiş ve küreselleşmeyi ölçmek için üç ana ölçüt kullanılmıştır. Bunlar ekonomik, sosyal ve siyasi ölçütlerdir. Bu üç ana ölçüt altında fiili ekonomik akışlar, ekonomik kısıtlamalar, bilgi akışındaki veriler, kişiler arasındaki ilişkiyi gösteren veriler ve kültürel yakınlaşma konusundaki veriler kullanılarak bu endeks elde edilmiştir.

Grafik 3. Dünyadaki Küreselleşme Trendi, 1970-2005

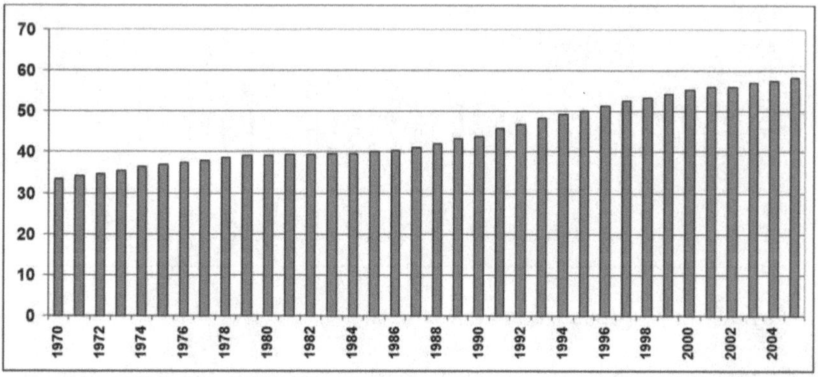

Kaynak: http://globalization.kof.ethz.ch/aggregation/display

KOF endeksinde, ekonomik küreselleşme ölçütünü belirlerken ticaretin, doğrudan yabancı sermaye yatırımlarının, portföy yatırımlarının, yabancı ülkelere gelir transferlerinin GSMH'ya oranı ve tarife dışı ithalat kısıtlamaları, ortalama tarife oranları, uluslararası ticarete konan vergiler, sermayeye getirilen kısıtlamalar göz önünde bulundurulmuştur. Sosyal küreselleşme ölçütünü belirlerken, yurtdışı telefon görüşmeleri, transferlerin GSMH'ya oranı, uluslararası turizm, ABD'yle yapılan telefon görüşmelerinin ortalama maliyeti, yabancı nüfusun toplam nüfus içindeki oranı, bin kişiye düşen telefon hattı sayısı, kişi başına internet hizmeti, internet kullanıcılarının nüfusa oranı, her bin kişiye düşen kablolu televizyon, günlük gazete ve radyo sayısı, son olarak da her yüz bin kişiye düşen McDonald's restoranı sayısı dikkate alınmıştır. Üçüncü ve son ana ölçüt olan politik küreselleşme ölçütü ise, ülkedeki elçilik, uluslararası örgütlere üyelik ve Birleşmiş Milletler Güvenlik Konseyi'nin görevlerine katılımı kapsama almaktadır.

KOF, yukarıda sayılan bu ölçütler ışığında ülkelere on üzerinden puanlar vererek her bir ülkenin küreselleşme durumunu göz önüne sermektedir. Aşağıdaki grafikte Türkiye'nin küreselleşme durumu verilmiştir. Bu bilgiler ışığında, Türkiye'nin küreselleşme sürecinde, gelişmiş ülkelerin hemen arkasında yerini aldığını söylemek mümkündür.

Grafik 4. Türkiye'nin Küreselleşme Durumu, 1970-2005

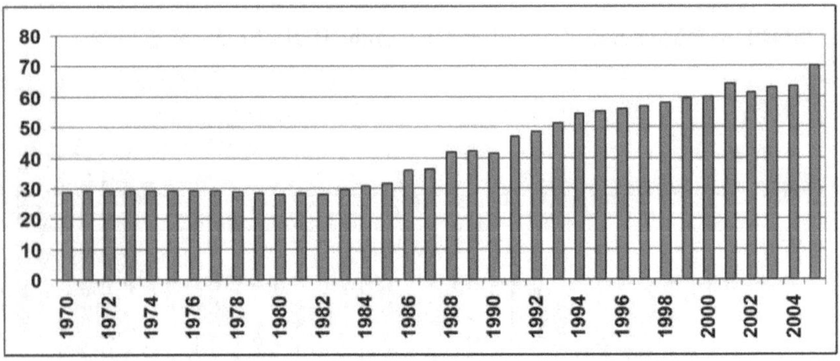

Kaynak: http://globalization.kof.ethz.ch

Küreselleşmenin baş döndürücü bir hızla artması ve bütün dünyayı içine alması kaçınılmaz bir sonuçtu. Gerek gelişmiş ülkelerin gerekse uluslararası kuruluşların baskısıyla veya ülkelerin kalkınma hamlelerini hızlandırabilmek adına yapılan liberalleşme hareketleri karşılıklı bağımlılığı, bütünleşmeyi ve dolayısıyla küreselleşmeyi gerekli kılmıştır. Gelişmiş ve gelişmekte olan ve hatta gelişmemiş ülkeler bile bu sürece katılmıştır (Grafik 5'e bakınız).

1970'lerden sonra Güney-Doğu Asya ülkelerinin ithal ikameci politikaları terk ederek ihracata yönelik sanayileşme politikaları izlemesi, aynı yıllarda bazı ülkelerin yabancı sermaye yatırımları ile kalkınma hamlelerini gerçekleştirebilecekleri inancı, 80'li yıllardan sonra Avrupa kıtasında tam ekonomik entegrasyon kurma çabaları daha sonra da Kuzey Amerika kıtasında bütünleşme hareketleri ve Sovyetler Birliği'nin çöküşü ile birlikte Rusya ve demir perde ülkelerinin liberal ekonomiye geçişleri bu bölgelerin küreselleşme sürecine katılımını sağlamış ve hızlandırmıştır.

Grafik 5. Küreselleşme ve Dünyanın Durumu, 1970-2004

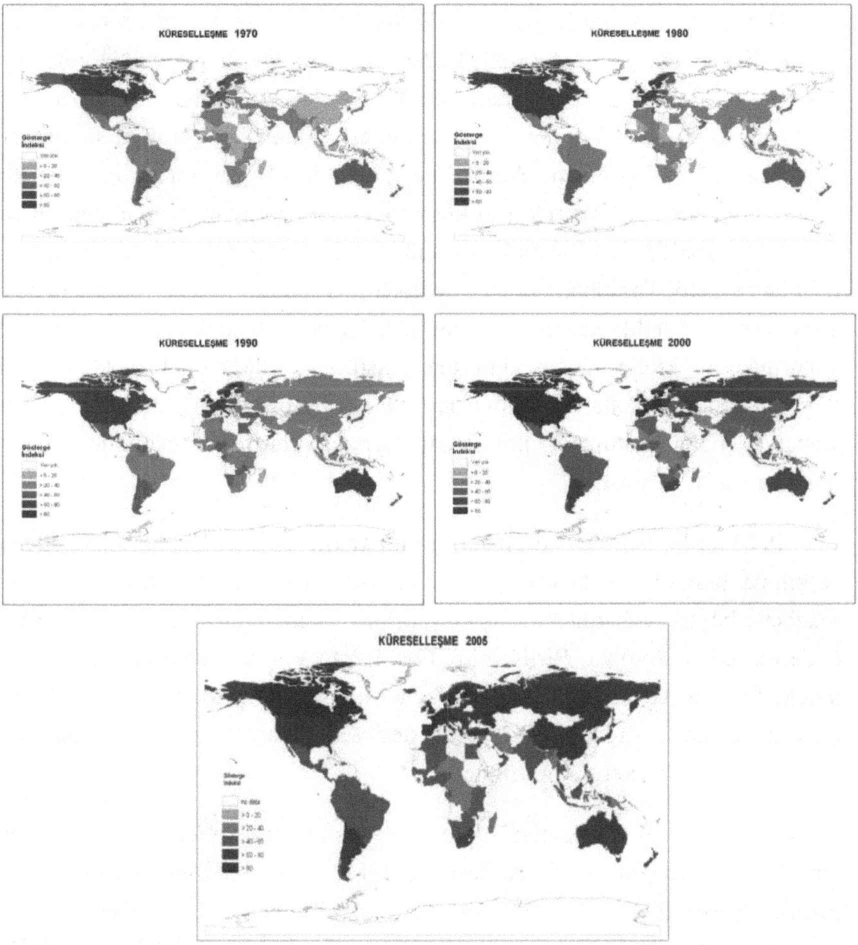

Kaynak: http://globalization.kof.ethz.ch/map/

2.2. Bölgeselleşme

Bölgesel entegrasyonların ortaya çıkışı oldukça eski tarihlere dayanır. Örneğin, Fransa'nın kendi vilayetleri arasında 1664 yıllarında gümrük birliği anlaşması imzalanmış; 18. ve 19. yüzyıllarda Avusturya, beş komşusuyla serbest ticaret anlaşması imzalamıştır.

Dünyada, 1930'larda yaşanan Büyük Buhran sonrasında ortaya çıkan talep yetersizliği ve ekonomik durgunluğu aşmak için bölgesel seçenekler çözüm olarak görülmüştür. 1930'larda yaşanan deneyim ile İkinci Dünya Savaşı'ndan sonra ABD'nin isteği üzerine her bir ülkenin eşit muamele gördüğü ticaret sistemi oluşturulmaya çalışılmıştır. Ancak, bu dönemde oluşturulmaya çalışılan serbest ticaret bölgeleri ve gümrük birlikleri yeterince görevini yerine getirememiştir. Ancak Avrupa'da 1947 yılında Benelüks Gümrük Birliği, 1951 yılında Avrupa Kömür ve Çelik Topluluğu ve 1957 yılında Avrupa Ekonomik Topluluğu başarıyla kurularak işlevsellik kazanınca 1960'lı yıllarda gelişmekte olan ülkeleri kendi aralarında bölgeselleşme hareketlerine itmiştir. Yine de, bu gelişmekte olan ülkeler ithal ikameci politikalar izledikleri için ve özellikle sanayi sektörlerini geliştirmek amacıyla daha korumacı politikalar uyguladıklarından ekonomik faaliyetler oldukça sınırlı kalmıştır.

1970'lerde ise bu korumacı politikaların bölgeselleşme hareketlerini ve kalkınma hamlelerini kısıtladığı anlaşılmıştır. 1980'ler uluslararası ticarette ve rekabette büyük değişimlere sahne olmuştur. Ancak, bu değişime asıl kaynaklık ve önderlik eden Avrupa Birliği'nin Tek Pazar kurma çabasıdır. Bölgeselleşme hareketlerinde AB'nin ağırlığı daha fazla olmuştur. Özellikle Sovyetler Birliği'nin dağılmasından sonra Doğu Avrupa ülkeleri ve neredeyse Akdeniz ülkelerinin çoğu bölgeselleşme hareketinde katılmıştır.

Bu esnada diğer kıtalar da bölgeselleşme hareketleri içerisinde yerlerini almışlardır. Örneğin, ABD ve Kanada 1988 yılında Serbest Ticaret Anlaşması imzalamış ve 1994 yılında Meksika'yı da dahil ederek NAFTA'yı kurmuşlardır. Aynı yıllarda Orta ve Güney Amerika kıtasında da MERCOSUR ve CACM gibi Ortak Pazarlar kurulmuştur. 1992 yılında Güneydoğu Asya ülkeleri ASEAN ve daha sonra AFTA'yı oluşturmuşlardır (ASEAN: Association of Soughteast Asian Nations; AFTA: Asean Free Trade Area). Bunların arasından Güney Kore ve Japonya kendi aralarında bir serbest ticaret bölgesi oluşturmuşlardır. Aynı şekilde

Batı Afrika ülkeleri kendi aralarında bloklaşmış; Doğu Afrika ülkeleri bir topluluk oluşturmuş (EAC); Güney Afrika'da SADC kurulmuş; Doğu ve Güney Afrika'da ortak bir pazar (COMESA) meydana getirilmiştir (Schiff ve Winters, 2002: 4-6).

Aşağıda, WTO'nun verilerine göre dünyada hali hazırda var olan bazı bölgeselleşme oluşumları ülkeleriyle birlikte verilmiştir.

ANDEAN (Andean Topluluğu): Bolivya, Colombiya, Ekvador, Peru.

ASEAN (Güney-Doğu Asya Ülkeleri Topluluğu): Brunei Darussalam, Camboçya, Endonezya, Lao Demokratik Halk Cumhuriyeti, Malezya, Myanmar, Filipinler, Singapur, Tayland, Vietnam.

CACM (Orta Amerika Ortak Pazarı): Kosta Rika, El Salvador, Guatemala, Honduras, Nikaragua.

CARICOM (Karipler Topluluğu): Antigua ve Barbuda, Bahamalar, Barbados, Belize, Dominik, Grenada, Guyana, Hayiti, Jamaika, Montserrat, Saint Kitts ve Nevis, Saint Lucia, Saint Vincent ve Grenadines, Suriname ve Trinidad, Tobago.

CEMAC (Orta Afrika Ekonomik ve Para Topluluğu): Kamerun, Orta Afrika Cumhuriyeti, Çad, Kongo, Ekvatoral Gine, Gabon.

COMESA (Doğu ve Güney Afrika Ortak Pazarı): Angola, Burundi, Komoros, Kongo, Kongo Demokratik Cumhuriyeti, Djibouti, Mısır, Eritrea, Etiyopya, Kenya, Libya, Madagaskar, Malawi, Mauritius, Namibya, Ruanda, Seychelles, Sudan, Swaziland, Uganda, Zambiya, Zimbabve.

ECCAS (Orta Afrika Ekonomik Topluluğu): Angola, Burundi, Kamerun, Orta Afrika Cumhuriyeti, Çad, Kongo, Kongo Demokratik Cumhuriyeti, Ekvatoral Gine, Gabon, Raunda, Sao Tome ve Principe.

ECOWAS (Batı Afrika Ekonomik Topluluğu): Benin, Burkina Faso, Cape Verde, Côte d'Ivoire, Gambiya, Gana, Gine, Gine-Bissau, Liberya, Mali, Nijer, Nijerya, Senegal, Sierra Leone, Togo.

EFTA (Avrupa Serbest Ticaret Birliği): İzlanda, Liechtenstein, Norveç, İsviçre.

EU15 (Avrupa Birliği 15): Avusturya, Belçika, Danimarka, Finlandiya, Fransa, Almanya, Yunanistan, İrlanda, İtalya, Lüksemburg, Hollanda, Portekiz, İspanya, İsveç, İngiltere.

EU27 (Avrupa Birliği 27): Avusturya, Belçika, Danimarka, Finlandiya, Fransa, Almanya, Yunanistan, İrlanda, İtalya, Lüksemburg, Hollanda, Portekiz, İspanya, İsveç, İngiltere Kıbrıs Rum Kesimi, Çek Cumhuriyeti, Danimarka, Estonya, Finlandiya, Macaristan, Letonya, Litvanya, Malta, Polonya, Slovenya, Slovakya, Bulgaristan, Romanya.

GCC (Körfez İşbirliği Konseyi): Bahreyn, Kuveyt, Oman, Katar, Suudi Arabistan, Birleşik Arap Emirlikleri.

MERCOSUR (Güney Ortak Pazarı): Arjantin, Brezilyal, Paraguay, Uruguay.

NAFTA (Kuzey Amerika Serbest Ticaret Anlaşması): Kanada, Meksika, ABD.

SAARC/SAPTA (Güney Asya Tercihli Ticaret Anlaşması): Bangladeş, Bhutan, Hindistan, Maldivler, Nepal, Pakistan, Sri Lanka.

SADC (Güney Afrika Kalkınma Topluluğu): Angola, Botswana, Kongo Demokratik Cumhuriyeti, Lesoto, Madagaskar, Malavi, Mauritius, Mozambik, Namibya, Seychelles, Güney Afrika, Swaziland, Tanzanya Birleşik Cumhuriytleri, Zambiya, Zimbabve.

WAEMU (Batı Afrika Ekonomik ve Para Birliği): Benin, Burkina Faso, Côte d'Ivoire, Gine-Bissau, Mali, Nijer, Senegal, Togo. (Kaynak:http://stat.wto.org/)

Dünyada sınırların kaldırılmaya çalışıldığı, küreselleşmenin en üst düzeye eriştiği bu çağda, neden bölgeselleşme eğilimlerinin hızla arttığı sorusu akla gelmektedir. Bu sorunun yanıtlanabilmesi için bölgeselleşme hareketlerinin nedenlerini ortaya koymak gerekmektedir. Belki o zaman küreselleşmeyle ters düşüyormuş gibi görünen bölgeselleşmenin aslında küreselleşmenin doğasından ortaya çıktığı anlaşılabilecektir.

Hiç şüphesiz, küreselleşme ulus devletleri büyük pazarlara adapte olmaya, rekabet güçlerini artırmaya, yabancı teknolojilere ve yatırımlara uyum sağlamaya zorlamaktadır. Küreselleşmenin yaratmış olduğu bu baskı ulus devletleri beraber hareket etmeye yönlendirmektedir. Çünkü tek başlarına bu devletler oldukça küçük ve sanayileşmiş ülkelere karşı savunmasız kalmaktadırlar. Bunların yanında, hükümetler politikalarını ve ekonomilerini liberalleştirebilmek, büyük pazarlara güvenli girişi sağlayabilmek ve dünya ticaret sistemin dışına itilmemek için bölgesel hareketlere katılmaktadırlar. Örneğin, Demir Perde olarak bilinen Doğu Avrupa ülkelerinin çoğu ekonomilerini liberal politikalara uyumlaştırabilmek ve serbest piyasa ekonomisine geçişi kolaylaştırmak amacıyla AB'ye üye olmuşlardır. Bunların yanında politik problemleri çözmek, gelirleri artırmak ve özellikle WTO, IMF ve ABD'nin politikaları karşısında bir güç oluşturmak da sebepler arasında sayılabilir (Schiff ve Winters, 2002: 6-10).

3. KÜRESELLEŞME, BÖLGESELLEŞME, KUTUPLAŞMA VE DIŞ TİCARET

Küreselleşmenin en önemli sonuçlarından birisi de dış ticarete olan etkisidir. Dış ticaret ve küreselleşme birbirini karşılıklı olarak etkilerler, öyle ki dış ticaret küreselleşmenin oranını belirlerken, küreselleşme de dış ticareti etkilemektedir.

Geçmişten günümüze bakıldığında, dış ticaretin oldukça eski bir olgu olduğu görülmektedir. Bilindiği gibi eski ipek ve baharat yolu, üzerinde dış ticaretin yapıldığı en eski ve en önemli ticaret yollarıdır. İlk zamanlarda derebeyliklerin ve kabilelerin kullandığı bu yolların geçtiği bölgeler, öneminden dolayı istilalara uğramış ve bu yolların tamamını elinde tutabilmek için krallıklar hatta imparatorluklar kurulmuştur. Daha sonra, bunların yerlerine daha modern siyasi ve ekonomik birimler, yani ulus devletler kurulmuştur. Bunları da daha sonra ulus devletlerin birleşmesi yoluna gidilmiştir. Yani parçalardan bütüne doğru bir hareket meydana gelmiştir. Bunun ardında yatan sebepler de daha büyük bir ekonomik ve askeri güç oluşturabilmektir. Böylece yerelden küresele doğru bir eğilim ortaya çıkmıştır. Bu eğilim bugün de tüm hızıyla devam etmektedir. Dünyanın her yerinde bütünleşme hareketleri devam etmekte bunun da itici gücü olarak ekonomik ve ticari nedenler gösterilmektedir.

Dünya ticareti 19. yüzyılın son çeyreğinden itibaren belirgin bir artış göstermiştir. Ancak bu artışın nedeni ilk başlarda gelişmiş ülkelerin sömürgeleriyle aralarındaki ticaret ilişkisidir. Merkantilizm ile birlikte ticaretin zenginlik olduğu anlaşılmıştır ve altın para birimi olarak kullanıldığı için altın birikimi sağlanmıştır.

Daha sonraları da dönemin en gelişmiş dört ülkesi olan İngiltere, Fransa, Almanya ve ABD'nin aralarında yapmış oldukları ticaret ile dünya ticareti artmıştır. Dünya ticaretindeki bu artış eğilimi Büyük Bunalımın ardından bitmiş ve yirmi yıl boyunca artış kaydedememiştir (Waters, 1996: 67-68).

20. yüzyılda, taşımacılık ve telekomünikasyonu destekleyen teknolojik gelişmeler, dünya nüfusunun artması, soğuk savaşın sona ermesi ve bununla birlikte birçok ülkenin serbest piyasa ekonomisine geçmesiyle, dünya ticaret hacminde de önemli artışlar gözlenmiştir. Özellikle ikinci dünya savaşından sonra toplam dünya ticareti, toplam üretimden daha hızlı artmıştır (Grafik 6'ya bkz).

Grafik 6. Ana Mal Gruplarında Dünya Ticareti ve Üretimi, 1950-2005 (Ortalama Yıllık Yüzde Değişim)

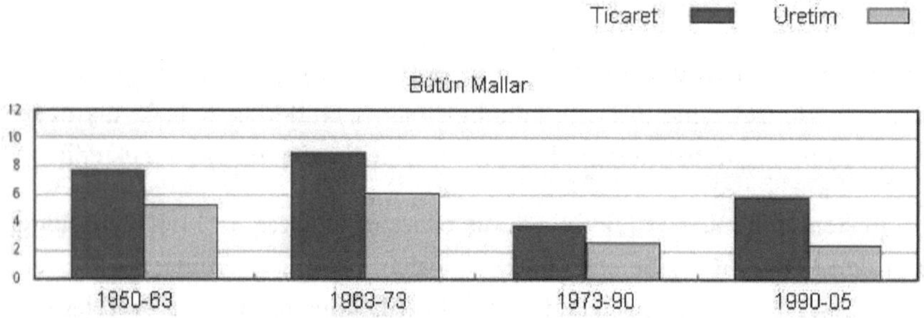

Kaynak: WTO, International Trade Statistics 2006: s.25

Dünya ticaretindeki bu artış için pek çok neden gösterilebilir. Bu nedenlerin başında gümrük tarifelerinin aşağı çekilmesi gelmektedir. İkinci dünya savaşından önce korumacılığın miktarı inişli çıkışlı olsa da, sonrasında, özellikle GATT'ın kurulması ile birlikte dünya ticaretinde tarifelerin düşürülmesi ve korumacılığın azaltılması gündeme gelmeye başlamıştır. Gelişmiş ülkelerin baskısıyla, gelişmekte olan devletlerin gümrük tarifelerini azaltmasına, kurulan GATT, WTO, IMF gibi uluslararası kuruluşların da dayatmasıyla ulusal ekonomiler liberalleştirilmeye çalışılmıştır. Bu da dünya ticaretine hız kazandırmıştır.

Hükümetler kalkınma yarışında dünya piyasalarından kopmamak için Adam Smith'in mutlak üstünlükler ile David Ricardon'un karşılaştırmalı üstünlükler teorisini, diğer bir ifade ile serbest piyasa ekonomisini benimsemişlerdir. Smith'e göre iki ülkenin olduğu bir modelde ülke hangi malı daha düşük maliyetle üretiyorsa o malda uzmanlaşmalı ve o malı ihraç etmelidir. Üretim maliyetlerinin yüksek olduğu diğer malı ise ithal etmelidir. Ricardo'ya göre ise bir ülke sadece bir malda değil bütün malların üretiminde üstün olabilir, ancak, karşılaştırmalı olarak en üstün olduğu malı üretmeli ve bu malı ihraç etmelidir. Karşılaştırmalı olarak daha az üstün olduğu malı da ithal etmelidir. Böylece ülkeler gelirlerini ve refah düzeylerini yükseltmiş olacaklardır. Bu da ancak dışa açık ekonomilerde söz konusu olabileceğinden dış ticareti özendirmiştir (Bayraktutan, 2003: 177).

Dış ticaretin artmasındaki diğer bir sebep de bankacılık sisteminin gelişmesidir. Ödeme şekillerinin kolaylaşması ve risk faktörünün azalması, ticareti artırıcı bir etki yaratmış, sermayenin hareketliliğini ve dolayısıyla yabancı sermaye yatırımlarının da artmasını sağlamıştır. Doğrudan yabancı sermaye yatırımlarının artması, üretimin, girdi maliyetlerinin ucuz olduğu ülkelere kayması, çok uluslu şirketlerin ülkeler arasında işbölümüne neden olması ile birlikte karşılıklı bağımlılık artmış, bu da dış ticaretin daha yüksek rakamlara ulaşmasına aracı olmuştur. Karşılıklı bağımlılık arttıkça dış ticaret yükselmiş, dış ticaret geliştikçe ülkeler arasındaki bağımlılık daha da pekişmiştir. Bu da dış ticaret ile küreselleşme arasında karşılıklı bir ilişki olduğunu ispatlamaktadır.

Ulaşım ve haberleşme ağının hızla gelişmesi, başka yerlerdeki alışkanlıkların, beğenilerin, tüketim kalıplarının ve modanın diğer yerlere de yayılmasını sağlamış, böylelikle diğer yerlerdeki tüketim alışkanlıkları ve tercihleri de değişmeye başlamıştır. Değişen bu ihtiyaçları karşılayabilmek için dış ticaretin de artması gerekmektedir. Bunun yanında seyahat edenlerin gittikleri ülkede de tüketim kalıplarını korumaları bu kişiler için de uygun mal türlerinin teminini gerekli kılmaktadır. Bu durum da dış ticaretin artmasına destek vermektedir (DPT, 2000: 23-26).

İkinci Dünya Savaşı'nın ardından, elli yıl boyunca dünya ticareti üretimden daha fazla artığı için, önemli bir ekonomik büyüme kaynağı olmuştur. Dünyada reel üretim 1948 ve 1997 yılları arasında ortalama yüzde 3,7 artmışken, dış ticaretin artış oranı yüzde 6 olarak gerçekleşmiştir. Bu yıllar arasında dünya ticaret hacmi 17 kat artarken dünya toplam hasılası 6 kat artmıştır. 1985 ve 1997 yılları arasında gelişmiş ülkeler için ithalat ve ihracatın GSMH'ye oranı yüzde 16,6'dan yüzde 24,1'e, gelişmekte olan ülkeler için yüzde 22,8'den yüzde 38,1'e yükselmiştir (DPT, 2000: 24). Dünya mal ihracatı 1948 yılında 58 milyar dolar iken 2005 yılında 10.159 milyar dolar olarak gerçekleşmiş, ithalat ise 1948 yılında

66 milyar dolardan 2005 yılında 10.511 milyar dolara yükselmiştir (WTO, 2006: 28-29).

Diğer taraftan bölgesel ticarete de göz atmak gerekir. 1948 yılında Avrupa ülkelerinden dört tanesi, İngiltere, Almanya, Fransa ve İtalya dünya toplam mal ihracatının yüzde 31,5'ini ithalatının ise 40,4'ünü gerçekleştirmekteydi. 2005 yılına gelindiğinde ise Avrupa Birliği (25) ihracatın yüzde 43'ünü, ithalatın ise 43,2'sini gerçekleştirmiştir. AB, 2005 yılında gerçekleştirdiği mal ihracatının yüzde 66,8'ini kendi içerisinde yüzde 33,2'sini ise diğer ülkelerle yapmıştır. AB(25)'nin yapmış olduğu mal ithalatının da yüzde 64,6'sının kendi içinde yüzde 35,4'ünün ise diğer ülkelerle olduğu görülmektedir. Bu yüzden AB(2)5 için dış ticaretin büyük bir oranın kendi içerisinde gerçekleştiğini söylemek mümkündür (WTO, 2006: 22, 28-29).

Kuzey Amerika kıtasında üç ülke, ABD, Kanada ve Meksika 1948 yılında dünya mal ihracatının yüzde 28,3'ünü ithalatının yüzde 20,6'sını gerçekleştirirken, 2005 yılında ihracatın yüzde 14,5'ini, ithalatın ise 21,7'sini gerçekleştirmiştir. 2005 yılında NAFTA'nın yapmış olduğu mal ihracatının yüzde 55,8'i kendi içinde yüzde 44,2'si ise diğer ülkelerle, mal ithalatının ise yüzde 34,5'inin kendi içinde yüzde 65,5'inin ise diğer ülkelerle yapılmıştır. NAFTA ülkelerinde ihracatın ağırlıklı olarak kendi aralarında yapılırken ithalatın daha çok diğer ülkelerle yapıldığı söylenebilir (WTO, 2006: 22, 28-29).

Asya bölgesi ise büyük bir sıçrama gerçekleştirerek 1948 yılında dünya mal ihracatının yüzde 13,6'sını gerçekleştirirken, bunu 2005 yılında yüzde 27,4'e çıkarmışlardır. Mal ithalatından aldıkları pay ise 1948'de yüzde 14,2'den 2005 yılında yüzde 24,7'ye yükselmiştir. ASEAN grubunun yapmış olduğu dış ticaretin yüzde 24'ü kendi içinde iken yüzde 76'sı diğer ülkelerledir (WTO, 2006: 22, 28-29).

Dünya ticaretinden pay alma çabalarına rağmen Orta ve Güney Amerika ülkeleri (Brezilya ve Arjantin) yaşadıkları krizler nedeniyle, 1948 yılında mal ihracatında sahip oldukları yüzde 12,3'lük payı 70'li yıllarda koruyamamış, 1973 yılında yüzde 4,7'ye ve 2005'te yüzde 3,5'e düşürmüşlerdir. Bunun yanında mal ithalatında ise 1948'de 10,6'dan 2005 yılında 2,8'e gerilemişlerdir. 2005 yılında, MERCOSUR ülkelerinin yapmış olduğu mal ihracatının yüzde 12,9'u kendi içinde yüzde 87,1'i diğer ülkelerle, ithalatı ise sırasıyla yüzde 19,7 ve 80,3 olarak gerçekleşmiştir (WTO, 2006: 22, 28-29).

Aşağıda verilen grafikte bölgesel grupların toplam ihracat ve toplam ithalatlarını, bu grupların yapmış olduğu ihracat ve ithalatın ne kadarının kendi aralarında ve ne kadarının birlik dışı ülkelerle yapıldığını görmek mümkündür.

Grafik 7. Bazı Bölgesel Entegrasyonlarda Yapılan Mal Ticareti, 1990-2005 (Milyar USD)

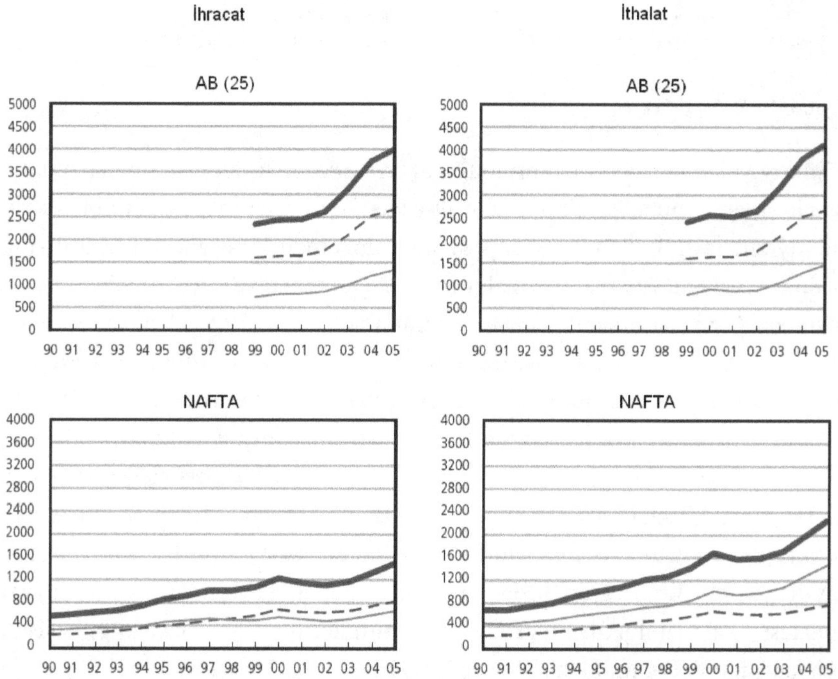

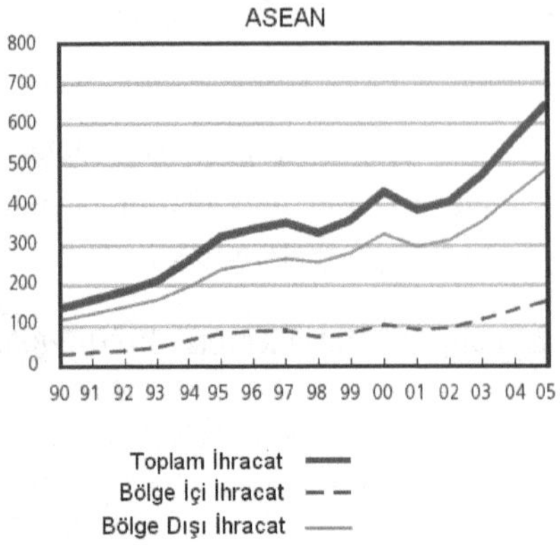

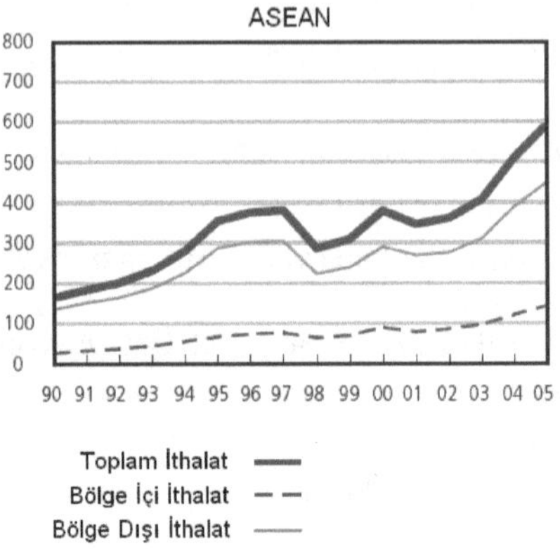

Kaynak: WTO, 2006, s.23

Türkiye Cumhuriyeti'nin kurulduğu ilk yıllarda savaştan yeni çıkmış olduğu ve sanayileşmemiş bir ülke olduğu için ihracata konu olan mal demetinin zengin olduğu söylenemez. 1. Dünya Savaşı sonrası dönemde ihracatta ağırlıklı olarak hammadde, ithalatta ise mamul malları göze çarpmaktaydı. 1929 yılına kadar geçen sürede Osmanlı döneminden kalan gümrük tarifeleri uygulanmak zorunda kalındığından dış ticaret fazlası verilememiştir. 1929 yılından sonra ise korumacı ve müdahaleci dış ticaret politikaları uygulanmaya başlanmış ve bu politikalar İkinci Dünya Savaşı'nın başlamasıyla birlikte devam etmiştir. Nihayetinde İkinci Dünya Savaşı'nın bitmesiyle 1947 yılında dış ticarette serbestleşme başlamış, Dünya Bankası, Uluslararası Para Fonu, Avrupa Ekonomik İşbirliği Örgütü ve GATT anlaşmalarına taraf olunmuştur. 1930 yılından başlayarak 1947 yılına kadar, 1938 yılı hariç, dış ticaret fazla vermiştir. Fakat bu yıldan sonra ithalat sınırlamaları kaldırıldığından ve ihracat ürünlerinin arz esnekliği düşük olduğundan dış ticaretimiz sürekli açık vermeye başlamıştır. 1960'lı yıllarla birlikte ithal ikameci sanayileşme stratejileri uygulanmış ve sanayinin iç piyasaya yönelik üretim yapması özendirilmiştir. Ancak bu uygulamalar da terk edilerek, 1980 yılında dünya ile birlikte ihracata dayalı sanayileşme politikalarına geçilmiş ve ihracat özendirilmiştir (www.dtm.gov.tr, 2007: 1-4). Her ne kadar günümüze kadar ihracat, kriz yılları hariç, yüksek artış oranları yaşasa da ithalat artışı da buna paralel bir durum sergilemiştir. Türkiye'nin ihracatının 1930-40'lı yıllarla kıyaslandığında dünya ihracatından aldığı payın önemli miktarda değişmediğini söylemek mümkündür. Örneğin, 1938 yılında Türkiye'nin yapmış olduğu ihracatın dünya ihracatı içindeki payı yüzde 0,47 iken 1997 yılında yüzde 0,5'tir, öyle ki bu oran 1979 yılında yüzde 0,14'lere kadar gerilemişken ve ancak 1985 yılından itibaren Cumhuriyetin ilk yıllarındaki seviyesine geri dönebilmiştir (İyibozkurt, 1999: 298).

İKİNCİ BÖLÜM

TÜRKİYE'NİN İÇİNDE BULUNDUĞU EKONOMİK İŞBİRLİĞİ, ENTEGRASYON HAREKETLERİ VE DIŞ TİCARET

İkinci dünya savaşının ardından, gelişmiş ülkeler, yıkılan ekonomilerin yeniden yapılanmasını sağlamak, dünya ticaret sistemini ve dış ticaret politikalarını düzenlemek amacıyla bir araya gelmişlerdir. Bu çabalarla asıl hedeflenen amaç ise dünya ticaretini serbestleştirmek ve bir bakıma serbest rekabet koşullarını sağlayabilmektir. Bu nedenlerden dolayı, 1944 yılında 44 ülkenin katılımıyla Bretton Woods Konferansı düzenlenmiş ve şu sonuçlar elde edilmiştir (Büyüktaşkın 1997, 2-3):

Döviz kurlarında istikrarın sağlanması, farklı ulusal paralar arasında kurların uyumlu hale getirilmesi ve rekabeti koşullarını bozacak kur ayarlamalarının önüne geçilmesi.

Ödeme sistemlerini geliştirebilmek için ulusal paraları konvertibl hale getirmek ve kambiyo kısıtlamalarını önlemek.

Dünya ticaretinin dengeli bir şekilde büyümesini sağlamak.

Ülkelerin dış denge sorunlarını çözmelerinde yardımcı olacak kaynakların sağlanması.

Parasal konularda uluslararası işbirliğini sağlamak.

Bretton Woods Konferansında alınan kararlar doğrultusunda dünya ekonomilerini ve dış ticareti derinden etkileyecek olan bazı örgütlerin kurulması düşünceleri oluşmaya başlamıştır. Bu düşüncelerden hayata geçenler arasında en önemlileri, 27 Aralık 1945 tarihinde kurulan Uluslararası Para Fonu (IMF), 1946 tarihinde faaliyete geçen ve Dünya Bankası adıyla bilinen Uluslararası İmar ve Kalkınma Bankası (IBRD), 1 Ocak 1948 tarihinde yürürlüğe giren Gümrük

Tarifeleri ve Ticaret Genel Anlaşması (GATT) yani yeni adıyla Dünya Ticaret Örgütü (WTO) ve 1961 yılının Eylül ayında oluşturulan Ekonomik İşbirliği ve Kalkınma Örgütü (OECD) kurulmuştur.

IMF, parasal konularda işbirliğini geliştirmek, kambiyo kısıtlamalarını ortadan kaldırmak, döviz kurlarına istikrar kazandırmak ve çok taraflı ödemeler sistemi kurmak gibi amaçlarla kurulmuştur. Bu amaçları doğrultusunda, IMF, üye ülkelere fonun kaynaklarından kullanabilme imkânı tanımıştır. Üye ülkeler yapmış oldukları stand-by ve genişletilmiş kullanım anlaşmaları ile hem bu fonun kendi kaynaklarından hem de fonun piyasalardan ve diğer ülkelerden sağladığı kaynaklardan yararlanma imkânı bulurlar. Böylece ülkeler, genişletilmiş fon, yapısal uyum fonu ve telafi edici fon adı altında bu kaynaklardan yararlanma yoluna gidebilirler (Büyüktaşkın 1997, 3).

GATT, diğer örgütlerle karşılaştırıldığında ekonomik kalkınmadan çok dünya ticaretinin serbestleştirilmesi konusuna eğilmiştir (Mavroidis, 2005: 5). GATT, anlaşmanın kurallarına uygun şekilde, mal ticaretine konan gümrük tarifelerini kademeli olarak, tarife dışı engellerin ise hemen kaldırılmasını öngörmektedir. 1993 yılında sonuçlanan Uruguay Round görüşmeleri sonucunda adının Dünya Ticaret Örgütü olarak değiştirilmesine karar verilmiş ve böylelikle sadece mal ticaretini değil aynı zamanda hizmetleri, ticaret ile ilgili fikri mülkiyet haklarını ve yatırımlarla ilgili sorunları da içine alır hale gelmiştir. Bunu yaparken de çok taraflı ticaret müzakereleri yolunu kullanmaktadır (Barton ve diğerleri, 2006: 47).

IBRD ise ilk kurulduğu yıllarda Avrupa'nın yeniden yapılanmasına yardımcı olmak amacıyla kurulmuş olsa da çalışmaları çok kısa bir sürede az gelişmiş ülkelere doğru kaymıştır. Günümüzde Dünya Bankası az gelişmiş ülkelere proje kredileri sağlama ve yabancı sermaye yatırımlarının bu ülkelere yönlendirilmesine yardımcı olmak gibi amaçlar edinmiştir (Büyüktaşkın 1997, 3).

OECD, Avrupa ülkelerinin üyeliği ile sınırlı olan ve 1947 yılında kurulan Avrupa İktisadi İşbirliği Örgütü'nün (OEEC) bir devamı niteliğindedir. 14 Aralık 1960 yılında Paris'te imzalanan anlaşmaya göre 30 Eylül 1961 tarihinde adı OECD olarak değiştirilerek faaliyete başlamıştır. Adının değiştirilmesindeki amaç örgütün bir Avrupa kuruluşu olmaktan çıkarılmasıdır. Bu amaçla OEEC'nin adında yer alan "Avrupa" kelimesi çıkarılarak yerine "Kalkınma" kelimesi eklenmiştir. Böylece örgüt, ekonomik istikrarın ve kalkınmanın sadece üye ülkeler için değil, ayrımcılık yapılmadan üye olmayan ülkeler için de teşvik edilmesi, üye ülkeler için en yüksek gelişme ve istihdam düzeyini sağlamak, uluslararası ticaretin ayrımcılık yapılmadan gelişmesine yardımcı olmak gibi misyonlar edinmiştir (Karluk, 1996, 22-23).

1. GÜMRÜK TARİFELERİ TİCARET GENEL ANLAŞMASI, DÜNYA TİCARET ÖRGÜTÜ VE TARIM POLİTİKALARI

Ticaretin yoğun olduğu her dönemde dış ticaret ilişkilerinin düzenlenmesi ihtiyacı ortaya çıkmıştır. Tarihe bakıldığında uluslararası ilişkilerin durumuna bağlı olarak dış ticaretin serbestleştirildiği veya korumacılığın ve dış ticaret engellerinin arttığı görülmektedir. Uluslararası ekonomik durum, liberal veya korumacı politikaların belirlenmesinde etkin rol oynamakta ancak, geçiş dönemleri belli bir düzen içerisinde seyretmemektedir (Kalaycıoğlu, 1991: 5).

Birinci Dünya Savaşının ardından 1929 yılında ortaya çıkan durgunluk, serbest ticaretten vazgeçilerek korumacı politikaların artmasına neden olmuştur. Korumacılığı en yoğun olarak uygulayan ülkelerden bir tanesi Amerika Birleşik Devletleri'dir. Buhran döneminde, Amerika yaklaşık olarak 3000 mal çeşidinde ortalama yüzde 53 gümrük vergisi uygulamıştır. Diğer ülkelerin yapmış olduğu uygulamalar da bu yönde olduğundan dünya ticareti büyük ölçüte sekteye uğramış ve dış ticaret ikili anlaşmalar yolu ile yapılmaya çalışılmıştır (Kalaycıoğlu, 1991: 7).

İkinci Dünya Savaşından sonra ortaya çıkan gelişmeler dış ticarette yeni eğilimlerin ortaya çıkmasına neden olmuştur. Amerika Birleşik Devletleri'nin (ABD'nin) savaştan en güçlü ülke olarak çıkması ve uluslararası ticaret sistemini yeniden düzene koyma görevini üstlenmesi uluslararası ticaretin serbestleştirilmesi eğilimini desteklemiştir. ABD bunu yaparken uluslararası ekonomik kuruluşların kurulması ve bunlarla yapılacak olan işbirliği sonucunda dış ticareti serbestleştirmeye çalışmıştır. Bu kuruluşlardan en etkin ve en önemlilerinden bir tanesi de GATT'tır (Büyüktaşkın 1997, 21).

1.1. GATT'ın Doğuşu

Gümrük Tarifeleri ve Ticaret Genel Anlaşması 1948 yılından 1994'e kadar dünya ticaretine yönelik kurallara öncülük etmiştir ve uluslararası ticarette yüksek büyüme oranlarının ortaya çıkmasına yardımcı olmuştur. Ancak GATT'ın resmi olarak uluslararası bir örgüt olmadığını, 47 yıldır hükümetlerarası bir anlaşma olduğunu belirtmek gerekir (Hoekman ve Kostecki, 1995: 12). İkinci Dünya Savaşından bu yana, Bretton Woods Konferansı ile ülkelerin yeniden yapılanması ve ekonomik kalkınmalarını gerçekleştirebilmeleri için parasal konularda yardımcı olacak IMF ve Dünya Bankası'nın kurulması öngörülmüştür. Ancak ülkelerin büyüme ve gelişmesinde diğer bir boyut olan ticaretin de düzenlenebilmesi için, bu iki kurumdan başka, bir kuruma daha ihtiyaç duyulmuştur (Mavroidis, 2005: 2, 3).

Bundan dolayı Birleşmiş Milletlere bağlı çalışacak bir Uluslararası Ticaret Örgütü'nün (ITO) kurulmasına yönelik müzakereler 54 ülkenin katılımıyla başlamıştır. Bu doğrultuda ITO'nun taslak tüzüğü oldukça iddialıdır. Bu taslağa göre örgüt, dünya ticareti öğretileri kapsamında istihdam, mal anlaşmaları, kısıtlayıcı ticaret uygulamaları, uluslararası yatırım ve hizmetler konusunda düzenleyici kuralları kapsayacaktır. ITO'nun, 1947 yılında Havana'da Birleşmiş Milletler tarafından düzenlenen Ticaret ve İstihdam Konferansında kurulması amaçlanmıştır (Kirshner, 1996: 84, 85).

Bu arada, 1945 yılında 15 ülke zaten gümrük tarifelerini azaltmak ve kaldırmak için görüşmelere başlamış bulunmaktaydı. Müzakerelerin ilki olan Cenevre Turu görüşmeleri, toplam dünya ticaretinin neredeyse yarısını etkileyecek bir dizi kural ve 45,000 tarif imtiyazıyla sonuçlanmıştır (Hoekman ve Kostecki, 1995: 17). Müzakereler, 30 Ekim 1947'de sona erdiğinde ise Nihai Senet'i imzalayan ülke sayısı yirmi üçe yükselmiştir. Tarife imtiyazları da 30 Haziran 1948 tarihinde Geçici Uygulama Protokolü ile uygulanmaya başlanmıştır böylece GATT ortaya çıkmıştır (WTO, 2007: 16).

GATT ortaya çıkmadan birkaç hafta önce başlayan ve ITO'nun kurulması için başlayan Havana müzakereleri 1948 yılının Mart ayında sonuçlanmış ancak, Havana Sözleşmesi, bazı devletlerin yasama organlarınca onaylanmayınca hayata geçememiştir. Havana Sözleşmesi'ne en ciddi muhalefeti yapan ülkelerden biri de ABD olmuştur (WTO, 2007: 16).

ITO hayata geçemediği için de GATT, uluslararası ticareti yönlendiren en önemli kuruluş durumuna gelmiştir ve 1948 yılından Dünya Ticaret Örgütünün kurulduğu 1995 yılına kadar uluslararası ticareti düzenleme rolünü sürdürmüştür. Yaklaşık elli yıl faaliyet gösteren bu örgütün temel ilkelerinde bir değişiklik olmamış ancak, anlaşmanın ekonomik kalkınmayla ilgili bölümüne 1960'lı ve çoklu anlaşmalar kısmına da 1970'li yıllarda eklemeler yapılmıştır. Bu değişikliklerin çoğu Ticaret Round'ları olarak bilinen çok taraflı müzakereler sonucunda gerçekleştirilmiştir ve dünya ticaretinin liberalizasyonu sağlanmaya çalışılmıştır. Aşağıdaki tabloda (Tablo 1) yapılan roundların tarihleri konularıyla birlikte verilmiştir. Bu roundlardan, en önemlileri, Kennedy Round, ilk kez tarife dışı engellere dikkati çekmiş, anti-damping anlaşmaları, telafi edici vergiler ve ekonomik kalkınma konularında müzakerelerde bulunmuştur. Bir diğeri olan Tokyo Round'ta, sistemin geliştirilmesi ve tarifelerin düzenlenmesi konularında görüşülmüştür. Uruguay Round ise bu roundların sonuncusu ve en geniş kapsamlısıdır. Uruguay Round sonunda ülkeler arasında bir dizi yeni anlaşma yapılmış ve WTO'nun kurulmasına öncülük etmiştir (Mavroidos, 2005: 8).

Tablo 1. GATT Ticaret Görüşmeleri

Yıl	Yeri/Adı	Görüşülen Konular	Katılan Ülke Sayısı
1947	Cenevre	Tarifeler	23
1949	Annecy	Tarifeler	13
1951	Torquay	Tarifeler	38
1956	Cenevre	Tarifeler	26
1960-1961	Cenevre (Dillon Round)	Tarifeler	26
1964-1967	Cenevre (Kennedy Round)	Tarifeler ve Anti-Damping Ölçütleri	62
1973-1979	Cenevre (Tokyo Round)	Tarifeler, Tarife Dışı Ölçütler, Çerçeve Anlaşmaları	102
1986-1994	Cenevre (Uruguay Round)	Tarifeler, Tarife Dışı Ölçütler, Kurallar, Hizmetler, Fikri Mülkiyet Hakları, Uyuşmazlık Anlaşmaları, Tekstil, Tarım, WTO'nun kurulması.	123

Kaynak: WTO, Understanding the WTO: 16

1.2. GATT'ın Temel İlkeleri

GATT uluslararası ticareti düzenlerken bazı temel ilkeler çerçevesinde hareket etmektedir.

Bunlardan biricisi ve en önemlisi, dış ticaretin ayrımcılık olmadan yapılmasıdır. Bu ilke "en çok kayırılan ülke kuralı"na dayanmaktadır. Eğer bir ülke başka bir ülke ile yapmış olduğu ticarette, tarife oranlarını aşağı çektiği takdirde GATT'a üye diğer ülkeler de bu indirimden yararlanabilecektir. Bu uygulama ile bir ülkenin dış ticarette diğer ülkelere göre üstün konuma gelmesi engellenmiştir. GATT'ın kurulduğu ilk yıllarda kuralın uygulanması ile ilgili bazı pürüzler çıkmıştır. Üye sayısının az olması nedeni ile üye olmayan diğer ülkelere kuralın uygulanıp uygulanmayacağı tartışılmıştır, ancak ilerleyen dönemlerde üye sayısındaki hızlı artış bu tartışmanın sona ermesine yardımcı olmuştur (Kalaycıoğlu, 1991: 91-92).

İkincisi, ülkelerin ithalata sadece gümrük tarifeleri ile müdahale edeceği, tarife dışı engelleri kesinlikle kullanmayacağı şeklindedir. Yine de, yukarıda değinildiği gibi bazı istisnalar yapılarak tarife dışı engellere geçici olarak başvurulabilir. Bunlar ödemeler dengesi sorunları, belli bir sanayinin hayatta kalmasının sağlanması, kamu sağlığı ve doğal kaynakların korunması gerektiği durumlardır. Ancak birçok GATT üyesi gelişmiş ve gelişmekte olan ülke bu durumları bahane ederek miktar kısıtlamalarını kullanmışlardır. GATT'ın, ülkelerin uygulamış oldukları miktar kısıtlamalarını gümrük tarifelerine dönüştürme isteğinin gerekçesi, tarifelerin serbest piyasa mekanizmasının doğasına daha uygun olmasıdır. İthalat gümrük vergileri ile kısıtlandığı için malın iç pazardaki fiyatı yükselecek ancak tüketiciler yüksek fiyat ödemek suretiyle bu malları satın alabilecektir. Ancak miktar kısıtlamaları uygulanırsa fiyatların yükselmesi bir yana söz konusu mallarda kıtlık yaşanacak, yani tüketiciler yüksek fiyat ödemeye razı olsalar dahi bu malları satın alamayacaklardır. Bu nedenle tarifeler, karaborsanın ortaya çıkmasını engellemiş olacaklardır (Karluk, 1998: 239).

Üçüncü ilke, anlaşmazlıkların çıktığı durumlara GATT'ın arabulucu olarak görev yapabilmesiyle ilgilidir. Bu ilke ile ülkelerin kendi başlarına önlem almaları engellenmiş, GATT kurallarına uygun çözümlerin getirilmesi sağlanmış olacaktır.

Bir diğer ilke ülkelerin müzakereler yoluyla karşılıklı olarak tarifelerde indirimlere gitmeleridir. Anlaşmaya taraf olan ülkeler belli zaman aralıklarıyla bir araya gelmeli ve dünya ticaretini serbestleştirmeye çalışmalıdırlar.

Belirlediği ilkelere rağmen GATT, serbest ticaretin engellenmemesi konusunda bazı istisnaları da belirtmiştir. Ancak bu istisnalar sürekli hale getirilmemelidirler. Bu istisnalar sırasıyla şunlardır:

- Ödemeler dengesi sorunu ile karşılaşan ülkeler geçici olarak ticareti engelleyen kısıtlamalar getirebilirler.
- Ülkeler kendi aralarında bölgesel entegrasyonlar kurarak gümrük birliği oluşturabilirler.
- Haksız rekabet ile karşı karşıya kalan bir ülke, yerli sanayisini koruyabilmek için telafi edici vergiler ve anti-damping vergileri uygulayabilir.
- Gelişmiş ülkeler tekstil sektörünü koruyabilmek amacıyla, gelişmekte olan ülkelere karşı kotalar uygulayabilirler (Kural ve diğerleri, 1995: 3).
- GATT çerçevesinde belirlenen ilkeler doğrultusunda hangi amaçlara ulaşılmak istenildiğine ayrıca değinmek gerekir.

1.3. GATT'ın Amaçları

GATT'ın amaçları 1947 yılında hazırlanan anlaşmanın metninde ortaya konmuştur. Örgütün genel amaçları üye ülkelerde hayat standardının yükseltilmesi, dengeli büyümenin sağlanması, reel gelirin hızlı artırılması, efektif talebin devamlılığını temin etmek, dünya kaynaklarının tam ve etkin kullanımını sağlamak, üretimin ve dış ticaretin geliştirilmesine yardımcı olmak amaçlar içerisinde sayılabilir. Daha önce de belirtildiği gibi GATT dünya ticaretini düzenleme gereksiniminden dolayı ortaya çıkmıştır. Bu yüzden amaçlarını gerçekleştirmek için dış ticarete konan kısıtlamaları kaldırmaya yönelik faaliyetlerde bulunmaktadır. Devamında tarife dışı engellerin tamamen kaldırılması, tarifelerin ise aşamalı olarak sıfırlanması gerektiği öngörülmektedir (Hoekman ve Kostecki, 1995: 12-13).

GATT'ın önlemleri çerçevesinde, gümrük tarifelerinin başarılı bir şekilde aşağı çekildiğini gözlemlemek mümkündür. Ancak, zamanla tarife dışı engeller artmaya başlamıştır. 1980'li yıllarda Asya Kaplanları olarak anılan ülkeler ve Japonya'nın kendi ihracat rakamlarında yaratmış oldukları artış gelişmiş ülkelerin tarife dışı engellere başvurmasına yol açmıştır, bunun yanında gelişme yolundaki ülkelerin zayıf ve yeni sanayi dallarını korumak için vermiş oldukları sübvansiyonlar serbest dünya ticaretini kısıtlamaya başlamıştır. ABD gibi gelişmiş ülkeler de, verimsiz çalışan sanayi kollarını korumak amacıyla yine tarife dışı engellere başvurmuşlar ve bu sanayilere sübvansiyonlar vermişlerdir (Karluk, 1998: 234).

Tarife dışı engelleri GATT çerçevesinde dört ana grupta özetlemek mümkündür (Karluk, 1996: 117-118):

- Miktar Kısıtlamaları
- Gönüllü İhracat Kısıtlamaları
- Tarife Benzeri Önlemler
- Gözetleme ve İzleme Önlemleri

Miktar kısıtlamaları, diğer adıyla kotalar, ithalat yasakları ve şartlı ithalat izinlerini kapsamaktadır. GATT kurallarına göre gelişme yolundaki ülkeler, ödemeler dengesinde sorun ve döviz sıkıntısı yaşadıklarında miktar kısıtlamalarına gidebilirler. Ancak bu uygulamaların da süreklilik arz etmemesi gerekmektedir (Karluk,1998: 234).

Gönüllü ihracat kısıtlamaları, ithalatçı ülkenin ihracatçı ülkeye gözdağı vermesiyle ortaya çıkar. Bu gözdağı, eğer ihracatçı ülke kendi isteğiyle ihracatını kısıtlamadığı takdirde mallarına kotalar koyacağı yönündedir. Gönüllü ihracat kısıtlamaları GATT'ın kurallarına tamamen aykırıdır, ancak konuyla ilgili hiçbir şikâyet gelmediğinden çözümü de mümkün olmamıştır. 1987 yılında gönüllü ihracat kısıtlamalarının sayası 134 iken, 1990 yılında 284'e yükselmiştir (Karluk, 1998: 235).

Tarife benzeri önlemler, tarife kotaları ve mevsimlik gümrük vergileridir. Bir mal için belirlenen ithalat miktarı aşıldığında o mala uygulanan gümrük vergisinin arttırılması yoluyla malın ithalatı azaltılmış veya önlenmiş olacaktır. Bu tür uygulamalar tarife kotaları olarak adlandırılır. Mevsimlik gümrük vergileri ise daha çok tarım ürünlerine iç pazardaki fiyat dalgalanmalarını önlemek amacıyla kullanılmaktadır (Karluk, 1996: 118).

Gözetleme ve izleme önlemleri ise anti damping, telafi edici vergiler, fiyat ve miktar kontrollerinden oluşmaktadır. Yapılan ihracatın, rekabet koşullarını bozduğu durumlarda vergiler yoluyla önlemler alınabilmektedir (Karluk, 1998: 235).

1.4. Uruguay Turu ve Tarım Müzakereleri

Uruguay Round çok taraflı ticaret görüşmelerinden en geniş kapsamlısı ve en önemlisidir. Konumuzla yakından ilişkisi olduğu için diğer görüşmelerin tamamlayıcısı olan, Uruguay görüşmelerinin araştırma kapsamında ele alınması gerekli görülmüştür.

Uruguay Round, yapılan görüşmelerin sekizincisi ve sonuncusudur. Görüşmeler 1986 yılında başlayarak 1994 yılında sona ermiştir. Uruguay Turu'nun 4 yıl sürmesi beklenirken görüşmeler 8 yıla uzamıştır. Nisan 1994'te imzalanan "Nihai Senet" 1 Ocak 1995 tarihinde yürürlüğe girmiştir.

Turun en önemli sonuçlarından birisi Nihai Senet'le birlikte Dünya Ticaret Örgütü'nün kurulmasına karar verilmesidir. Böylece Bretton Woods ile tesisi düşünülen kurumların üçüncü ayağı da tamamlanmıştır. Diğer önemli sonuçları ise tekstil, tarım, fikri mülkiyet hakları ve hizmetlerin kapsam altına alınması şeklinde özetlenebilir.

Anlaşmanın yürürlüğe girmesinden itibaren, tekstil sektörü için yapılan ithalatlara uygulanan gümrük vergilerinin ve kısıtlamaların on yıl içerisinde kademeli olarak tamamen kaldırılması öngörülmüş, fikri mülkiyet hakları ise 20 yıllığına koruma altına alınmıştır. Hizmet sektörü ise öneminin artması ve hizmet ticaretinin hızla hacim kazanması sebebi ile ilk defa Uruguay görüşmelerinde kapsam altına alınmıştır. Böylece bankacılık, sigortacılık, turizm, taşımacılık ve haberleşme hizmetleri uluslararası kurallara bağlanmıştır.

Tarım sektörü ise daha önceki turlarda görüşülmüştür. Ancak, ABD ve diğer batılı ülkeler bu konuya uzlaşmacı bir biçimde yaklaşmamışlardır. Bu ülkelerin baskıları nedeniyle GATT, tarım ürünleri ticaretinde bazı istisnaları kabul etmek zorunda kalmıştır. Bu istisnalar daha sonraları hem gelişmekte olan hem de gelişmiş ülkeler tarafından istismar edilmişlerdir. ABD'nin tarım sektörünü korumak için yapmış olduğu uygulamaları (US FAIR Act), daha sonra Avrupa Topluluğu da kendi Ortak Tarım Politikası (OTP) ile takip etmiştir. Bu gelişmeler karşısında gelişmekte olan ülkeler de korumacı politikaları takip etmişlerdir. Bu durum Uruguay Round ile reform sürecine girmiş ve tarımın da serbest rekabet koşulları altında ticarete konu olması hedeflenmiştir (Büyüktaşkın, 1997: 15; Guyomard ve diğerleri, 2000: 18-19).

Uruguay Turu'nda yapılan müzakereler sonucunda ayrı bir Tarım Anlaşması'nın yapılmasına karar verilmiştir. Tarım müzakereleri sonucunda üç önemli kuralın uygulanması kararı alınmıştır. Bunlar, pazara giriş, iç destek ve ihracat sübvansiyonlarıdır.

Pazara giriş kuralı, tarım ürünleri ticaretinin serbestleştirilebilmesi için öncelikle tarife dışı engellerin hemen tarife engellerine dönüştürülmesi (tarifikasyon) istenmiştir. Tarife dışı engeller, tarifelere dönüştürüldükten sonra, 1995 yılından başlayarak indirime tabi tutulacaklardır. Gelişmiş ülkeler altı yıl içerisinde tarifelerini ortalama yüzde 36, gelişmekte olan ülkeler ise on yıl içerisinde yüzde 24 oranında (Tablo 2 bkz.) indirime gideceklerdir (WTO, 2007: 27).

İç destek kuralı, Toplam Toplu Destek Ölçümü kapsamındaki desteklerin, 1986-1988 yılları arası temel alınarak, gelişmiş ülkelerce yüzde 20, gelişmekte olan ülkelerce yüzde 13 oranında azaltılacaktır. Diğer bir konu da Anlaşmayla iç desteklerin yeşil, mavi ve kırmızı kutu olmak üzere üç farklı sınıfa ayrılmalarıdır.

Yeşil kutu, iç desteklerin ticareti engellememeleri gerektiğini belirtir veya en az seviyede etkileyecek şekilde düzenlenmesini zorunlu kılmaktadır. Bundan dolayı desteklerin devlet tarafından düzenlenmesini ve fiyat desteği şeklinde olmamasını gerekli kılar. Yeşil kutuya göre destekler belli mallara yönelik olamazlar, ancak doğrudan gelir desteği şeklinde üretim miktarını ve fiyatları etkilemeden çiftçiye verilebilir. Yeşil kutu desteklere ek olarak, çevre güvenliği ve bölgesel kalkınma programlarını da içerir.

Mavi kutu: Mavi kutu, şartlara bağlı kırmızı kutu gibidir. Kırmızı kutuda yer alan bütün destekler mavi kutuda da yer alır. Bu desteklere, üretim miktarını kısıtlayan destekler de dahildir (http://www.wto.org/english/tratop_e/agric_e/agboxes_e.doc).

Kırmızı kutu: Bu kutuya giren destekler yeşil ve mavi kutuya girmeyen, kesinlikle yasaklanmış, üretimi ve ticareti engelleyen iç desteklerin tamamıdır. Bu iç destekler, fiyat desteğini ve üretim miktarını doğrudan etkileyen sübvansiyonlardır. İleri tarım müzakerelerinde kırmızı kutu tamamıyla kaldırılmış, yerine amber kutu getirilmiştir. Daha sonraları, kehribar kutuya, kapsamlı üretici destekleri, Amerikan'nın uygulamış olduğu zararın sübvansiyonu ve benzeri gibi mali ödemeler dahil edilmiştir. Bu desteklerin de zaman içerisinde azaltılması istenmiştir (Kirshner, 1996: 263).

Tablo 2. Tarım İçin Hedeflenen Tarife İndirimleri

	Gelişmiş Ülkeler 6 yıl: 1995-2000	Gelişme Yolundaki Ülkeler 10 yıl: 1995-2005
Tarifeler Tarım ürünleri tarifelerinde ortalama indirim	%36	%24
İç Destekler Toplam Toplu Destek Ölçümü (temel alınan dönem:1986-1988)	%20	%13
İhracat Sübvansiyonları Sübvansiyonların değeri Sübvansiyonların miktarı (Temel alınan dönem: 1986-1990)	%36 %21	%24 %14

Kaynak: WTO, Understanding the WTO: 28

İhracat sübvansiyonları kuralı ise, devletin sübvansiyon için bütçeden ayırdığı paylar ve ihracatı destekleyen sübvansiyonların azaltılması yönündedir. Bu ise, 1986-1990 yılları arası temel alınarak, gelişmiş ülkeler için değer olarak yüzde 36, miktar olarak yüzde 21; gelişmekte olan ülkeler için değer olarak yüzde 24, miktar olarak yüzde 14 oranında düşürülecektir (Josling ve diğerleri, 1996: 157). Ancak, tarım ürünlerinde pazarlama maliyetleri azaltmak ve ürünlerin iç taşıma maliyetlerini kısıtlayabilmek amacıyla verilen sübvansiyonlar için GOÜ'lere ayrıcalık tanınmıştır (Ay ve Yapar, 2005: 61).

Az gelişmiş ülkeler için tarifelerde ve sübvansiyonlarda indirime gitmek zorunlu tutulmamıştır. Tarım sektörü az gelişmiş ülkelerde hayati öneme sahip olabileceğinden, Uruguay görüşmelerinde, kırsal kalkınma çabalarına yardımcı olmak için IMF ve Dünya Bankasından kredi kullanabilecekleri de belirtilmiştir (WTO, 2007: 29).

1.5. Dünya Ticaret Örgütü ve İleri Tarım Müzakereleri

Uruguay Turu sonunda yürürlüğe giren WTO Tarım Anlaşması pazara giriş, iç destekler ve ihracat sübvansiyonları ile ilgili ülkelerin yerine getirmek zorunda olduğu bazı kurallar belirlemiştir. Bu kurallar ile tarım ürünleri ticaretine getirilen engellerin tamamen ortadan kaldırılması hedeflenmemiş ancak uluslararası tarım ürünleri ticareti liberalleştirilmeye çalışılmıştır. Atılan bu adım ilk adımdır ve devamının geleceği Tarım Anlaşmasının 20. maddesinde ayrıca belirtilmektedir.

20. maddeye dayanarak tarım alanında reform sürecinin devam edeceğine dikkat çekilmektedir. Reformlarda adil ve serbest piyasa odaklı bir ticaret sistemi kurmak hedeflenmiş ve bu hedefler doğrultusunda iç desteklerin, sübvansiyonların, piyasa çarpıklıklarının önemli ölçüde azaltılacağı belirtilmiştir (www.wto.org). Ancak reformları gerçekleştirilmeden önce, uygulamaların bitimine bir yıl kala, yani 1999 yılının beklenmesi düşünülmüştür (Josling ve diğerleri, 1996: 177,178).

Nihayetinde 1999 yılında Seattle'da gerçekleştirilen Bakanlar Konferansında ileri tarım müzakereleri başlamıştır. Seattle'da yapılan müzakereler özellikle tarım alanında yaşanan uzlaşmazlıklar nedeniyle etkili sonuçlar elde edilememiştir. Seattle görüşmelerini takip eden Doha (2001) ve Cancun (2003) zirvelerinde de sonuç pek farklı olmamıştır (Ay ve Yapar, 2005: 65).

İlk somut adım 1 Ağustos 2004 yılında atılabilmiştir. Cenevre'de yapılan Çerçeve Anlaşmasında, "Temmuz Paketi" olarak bilinen Doha Gündemi çalışma programı tamamlanmış ve Cancun'daki görüşmeleri de içine alarak, tarım ile ilgili şu sonuçlar çıkmıştır (www.wto.org):

- İç destek sağlayan ülkelerin, bu desteklerinde önemli oranlarda indirime gitmeleri karara bağlanmıştır. Buna göre iç destek miktarı yüksek olan ülkeler, iç destek miktarı az olan ülkelere göre daha fazla indirim yapmak zorundadırlar (www.dtm.gov.tr).

- Mavi kutu ile belirlenen iç desteklerin azaltılması yönündeki karara GOÜ'ler için istisnalar (de minimis kuralı) tanınmıştır. Böylece düşük gelirli çiftçilere verilen iç desteklerde indirime gidilmesi gerekmeyecektir.
- Mavi kutudaki önlemlerin uygulanmasında bazı istisnaların olabileceği vurgulanmış ve toplam desteklerin GÜ'ler için ancak toplam tarımsal üretim değerinin yüzde 5'ine, GOÜ'ler için de yüzde 10'a kadar indirilebileceği (de minimis) karara bağlanmıştır.
- Önemli oranlarda tarife indirimlerine gidileceği, her ürün için indirimin geçerli olacağı ve ancak bunların belli formülasyonlar ile belirleneceği belirtilmiştir.
- Pazara giriş kuralında belirtilen tarife indirimleri için her ülke arasındaki farklılık göz önünde tutulacak ve bu farklılıklardan dolayı her ülkenin tarife indirimi için farklı formüller belirlenebilecektir.
- Yeşil kutu ile ilgili olarak uygulanan önlemlerin devam etmesine ancak bunların ticaret bozucu etkilenin giderilmesi için tekrar düzenlenmesinin mümkün olduğuna karar verilmiştir.

Yukarıda bahsedilen sonuçlar, ayrıntıları içermemekle birlikte yapılan tarım müzakerelerinin genel çerçevesini çizmek açısından yeterli görülmüştür. Bu aşamadan sonra tarım müzakereleri hız kazanmış ve 13-18 Aralık 2005 tarihlerinde yapılan Bakanlar Konferansıyla devam etmiştir.

18 Aralık 2005 tarihinde yayınlanan Bakanlar Deklarasyonu'nda belirtildiği üzere bazı kararlar alınmıştır. Deklarasyonun usulleri tamamlamaya yönelik en önemli kararları şöyledir (www.wto.org):

- Doha Gündemi çalışma programı 2006 yılının sonuna doğru tamamlanacaktır.
- İç desteklerin azaltılması konusunda üç bant uygulanacaktır. İç destekleri yüksek olan üyeler üst bantlarda yer alacak ve desteklerde yapacakları indirimler alt bantta olan üyelere göre daha fazla olacaktır.
- İhracat sübvansiyonları ve benzeri bütün uygulamalar 2013 yılı sonuna kadar tamamen kaldırılmış olacaktır.

Tarifelerdeki indirimleri düzenlerken dört bant uygulanacaktır. Bütün tarım ürünleri istisnalar olmak üzere tarife indirimine konu olacaklardır. Bu istisnalar GOÜ'ler için gıda güvenliği, geçim sağlama ve kırsal kalkınma konularında uygulanabilecektir.

1.6. Dünya Ticaret Örgütü'nün Türk Tarımına Etkileri

Türkiye, 1951 yılında GATT tarafından Torquay'da yapılan tarife müzakerelerine katılmış ve sonucunda üyelerin üçte iki çoğunluğu sağlanarak GATT'a üye olmuştur. Uruguay Turu ile başlayan ve WTO'nun kurulmasıyla sonuçlanan sürece de katılarak WTO'nun kurucu üyelerinden biri olmuştur.

Türkiye, Tarım Anlaşması çerçevesinde pazara giriş, ihracat sübvansiyonları ve iç destekleri ile ilgili taahhütlerde bulunmuştur.

Pazara giriş ile ilgili olarak, Türkiye, GOÜ statüsünde olduğundan 1986 yılı temel alınarak bu yılda geçerli olan tarife oranları üzerinden on yıl içerisinde her ürün için en az yüzde 10, ortalama olarak ise yüzde 24 oranında indirime gitmeyi taahhüt ve kabul etmiştir (Şahinöz, 2004: 6). Ancak, Türkiye aynı zamanda Ankara Anlaşması ile AB'nin Ortak Gümrük Tarifesi (OGT) Anlaşmasına taraf olduğundan, OGT hadlerini en düşük tarife haddi olarak uygulayabilme hakkını saklı tutmuştur. Bunun yanında tarım ürünleri ithalatına tarife dışı engeller uygulanmadığından, Türkiye tarifikasyon yöntemine başvurmamıştır.

Türkiye, ihracat sübvansiyonlarında diğer GOÜ'ler gibi 1986-1990 yıllarını temel alarak, on yıl içerisinde değer olarak yüzde 24, miktar olarak da yüzde 14 oranında azaltacağını taahhüt etmiştir. Bunlara ek olarak yeni ihracat sübvansiyonları uygulamayacaktır. Türkiye, bu taahhüt ile 44 ürününe sağladığı ihracat sübvansiyonunu azaltacağını beyan etmiştir. Ancak Türkiye'nin uyguladığı ihracat sübvansiyonları gelişmiş ülkelerle karşılaştırıldığında oldukça yetersiz kalmakta bu da verilen taahhüdün etkisini azaltmaktadır (TÜSİAD, 2003: 16).

İç destekler açısından Türkiye bir taahhüt altına girmemiştir. Türkiye'nin vermiş olduğu destek, toplam üretim değerinin yüzde 10'unu geçmediği için "de minimis" kuralından faydalanarak yükümlülük altına girmemiştir. Ancak desteklerde yüzde 10'un altında kalmak daha sonraki desteklerde de bu değerin üzerine çıkılamayacağı anlamına gelmektedir (Ay ve Yapar, 2005: 74).

Bunların yanında Türkiye 2001 yılında girdi sübvansiyonları uygulamasını terk etmiştir. Fiyat desteğini ise WTO'nun önerisiyle doğrudan gelir desteği şeklinde uygulanmaya başlamıştır (Ay ve Yapar, 2005: 75).

2. AVRUPA BİRLİĞİ (AB)

Avrupa Birliği'nin kurulması fikri İkinci Dünya Savaşı sonrası Avrupa'nın yapılanması ve ülkeler arasındaki çıkar çatışmalarını azaltmak ihtiyacı nedeniyle ortaya çıkmıştır. Avrupa Birliği oluşturulana kadar geçen sürede, bu süreci destekleyecek bazı ekonomik birleşmeler ortaya çıkmıştır.

Avrupa'da bir birlik yaratma amacıyla, ilk somut adımlar İkinci Dünya Savaşı sırasında atılmıştır. 18 Temmuz 1932 yılında Hollanda, Belçika ve Lüksemburg arasında imzalanan Ouchy Sözleşmesi ile oluşturulan Benelüks, Avrupa kıtasında oluşturulan ilk ekonomik birleşmedir. 1944 yılında savaş devam ederken adı geçen üç ülke kendi aralarında Gümrük Birliği Anlaşmasını imzalamışlardır. Anlaşma, 1 Ocak 1948 tarihinde yürürlüğe girmiştir. Üç ülke ekonomik işbirliğini, 1 Kasım 1960 yılında Ekonomik İşbirliği Anlaşması'nın yürürlüğe girmesiyle sağlayabilmişlerdir. Ancak arada geçen zaman içerisinde üye ülkeler arasındaki vergi mevzuatını birleştirecek, ticaret kısıtlamalarını kaldıracak, emeğin serbest dolaşımını sağlayacak düzenlemeleri gerçekleştirmişlerdir (Karluk, 2003: 2-6).

Avrupa kıtasında hayata geçirilen ikinci ekonomik birleşme Paris Anlaşması ile 18 Nisan 1951 yılında yürürlüğe giren Avrupa Kömür ve Çelik Topluluğu (AKÇT)'dur. Topluluğun kurucu üyeleri Almanya, Fransa, Belçika, Hollanda, Lüksemburg ve İtalya'dır. Daha sonra İngiltere, İrlanda, Danimarka, Yunanistan, Portekiz, İspanya, Finlandiya, İsveç ve Avusturya bu topluluğa üye olmuşlardır. Topluluğun amacı savaş sanayi için önem arz eden kömür ve çelik için ortak bir pazarın oluşturulması, ekonomilerin geliştirilmesi, istihdamın arttırılması ve hayat seviyesinin iyileştirilmesidir (DTM, 1999: 10).

AKÇT 22 Temmuz 2002 tarihinde yürürlükten kaldırılarak, kömür ve çelik ile ilgili konular AB politikaları kapsamına alınmıştır (Karluk, 2003: 9).

2.1. Avrupa Ekonomik Topluluğu

AKÇT'nin sağladığı başarılar nedeniyle, Avrupa'da tek bir sektör yerine ekonominin genelini kapsayacak bir birlik kurulması fikri oluşmaya başlamıştır.

Kömür ve Çelik Topluluğunu kurucu üyelerinin oluşturduğu Komisyon, başlattığı çalışmalar sonucunda sunduğu raporda, Batı Avrupa'da Avrupa Ekonomik Topluluğu (AET) ve Avrupa Atom Enerjisi Topluluğu (EURATOM)'nun kurulmasını öngörmüştür. Bu gelişmeler sonucunda 25 Mart 1957 yılında imzalanan Roma Anlaşması ile AET ve EURATOM kurulmuş, 1 Ocak 1958 yılında da resmen yürürlüğe girmiştir.

AKÇT'nin kurucu üyelerinin aynı zamanda, AET'in de kurucu üyeleri olmaları AKÇT ve Benelüks Anlaşmalarının geçerliliğini kaybetmesine neden olmamıştır (Karluk, 2003: 13-14).

Avrupa Birliği'nin temellerini adı geçen bu üç kurum (AET, EURATOM, AKÇT) oluşturmaktadır. Hukuksal olarak farklı olan bu kurumlar zamanla bütünleşmeye başlamışlardır. Örneğin, AKÇT'nin Parlamentosu ve Adalet Divanı, AET ve EURATOM kurulmasından sonra bu topluluklar için de hizmet vermeye başlamıştır. 1965 yılında da üç topluluk için çalışacak olan tek Konsey ve tek Komisyon'un oluşturulması karara bağlanmıştır (Ülger, 2002: 58).

Bu gelişmeler altında bu üç kurum Ortak Pazar, Avrupa Toplulukları ve nihayetinde 1991 Maastricht Anlaşmasıyla birlikte Avrupa Birliği olarak adlandırılmaya başlanmıştır (Ülger, 2002: 12).

Üç topluluğun ekonomik bütünleşme anlamında kazandıkları başarılar neticesinde diğer ülkeler de topluluğa üyelik başvurusunda bulunmuşlardır. Başvurular sonucunda 1973 yılında İngiltere, Danimarka, İrlanda; 1981 yılında Yunanistan; 1986 yılında Portekiz ve İspanya; 1995 yılında Avusturya, Finlandiya ve İsveç; 2004 yılında Estonya, Litvanya, Letonya, Çek Cumhuriyeti, Polonya, Güney Kıbrıs Rum Kesimi, Slovakya, Slovenya, Malta ve Macaristan; 2007 yılında Bulgaristan ve Romanya birliğe üye olmuşlardır (www.abgs.gov.tr).

Avrupa Birliği'nin tarihsel gelişim süreci içersinde büyük önem arz eden iki gelişme vardır. Bunlardan birincisi Tek Avrupa Senedi, diğeri ise Avrupa Anlaşması olarak bilinen Maastricht Anlaşması'dır. Bu gelişmelere ayrıca değinmek gerekir.

2.2. Tek Avrupa Senedi

Tek Avrupa Senedi üye ülkelerin anlaşmayı imzalamaları ile birlikte 1 Temmuz 1987 yılında yürürlüğe girmiştir. Tek Avrupa Senedi'nin sahip olduğu önem açısından hedeflerinin tespit edilmesi gerekmektedir.

Tek Avrupa Senedi ile "Tek Avrupa Pazarı"nın oluşturulması öngörülmüştür. Ortak iç pazarın oluşturulabilmesi için mal, hizmet ve sermayenin serbest dolaşmasının önündeki engellerin kaldırılması, ekonomik ve parasal birliğin oluşturulması, AR-GE'nin geliştirilmesi, işçi sağlığı ve çevre güvenliğinin sağlanması gereklilikleri ortaya konmuştur.

Üye ülkelerin iç pazarlarını açmalarıyla dört faydanın sağlanacağına inanılmıştır. Bunlar, bütün tarife ve tarife benzeri engellerin kaldırılmasından doğacak kazançlar, ölçek ekonomilerinden sağlanacak faydalar, rekabetin artması sonucu azalacak tekel yapılanmalarından sağlanacak yararlar ve toplam üretimin artmasıyla ortaya çıkacak refah artışlarıdır (Karluk, 2003: 62).

2.3. Maastricht Anlaşması

9-10 Aralık 1991 tarihinde Maastircht Zirvesinde bir araya gelen üye ülke başkanları Tek Avrupa Senedi üzerinde önemli değişiklikler yaparak bugünkü AB'nin hukuki temellerini atmışlardır. Bu temeller siyasi birlik ve ekonomik birliğin sağlanması ile ilgilidir.

Maastrich Anlaşmasının en önemli sonuçlarından birisi ekonomik ve parasal birliğin oluşturulması kararıdır. Buna göre birlik içerisindeki iktisadi politikalar uyumlaştırılacak ve 1999 yılında Avrupa Merkez Bankası kurularak tek para sistemine geçilecektir. Bunun yanında, AT vatandaşlarına Avrupa Parlamentosu ve mahalli seçimlerde seçme ve seçilme hakkı tanınacak, topluluk dışındaki üçüncü ülkelere karşı ortak güvenlik politikaları ve ortak dış politikalar uygulanacaktır.

Adı geçen anlaşma ile birlikte AB'de fedaral bir yapı uygulanmayacak ancak daha sıkı bir birlik oluşturulacaktır. Avrupa Parlamentosuna daha fazla yetki verilecek ve Parlamentonun sosyal politika alanları genişletilerek yeni kurallar oluşturulacaktır. Yeni üye ülkelerin birliğe uyumunu sağlamak, ekonomik ve parasal birliğe geçilebilmesi için daha fakir olan ülkelere yardım edebilmek için bir fon oluşturulacaktır (Karluk, 2003: 76-79).

Maastricht Anlaşması bazı aksaklıklar nedeniyle ancak 1 Kasım 1993 tarihinde yürürlüğe girebilmiştir.

2.4. Türkiye İle İlişkiler

Türkiye-AB ilişkileri, Türkiye'nin AET'e 31 Temmuz 1959 tarihinde yapmış olduğu ortaklık başvurusu ile başlamaktadır. AET Bakanlar Konseyi, 12 Eylül 1963 tarihinde Türkiye'nin başvurusunu kabul etmiş ve neticesinde Ankara Anlaşması (Ortaklık Anlaşması) imzalanmıştır.

Türkiye ile topluluk arasında 1970 yılında Katma Protokol imzalanmış, bir sene sonra da ticari hükümleri Geçici Anlaşma ile yürürlüğe girmiştir. Türkiye Katma Protokolden kaynaklanan birinci gümrük indirimini 1 Ocak 1973, ikinci gümrük indirimini 1 Ocak 1976 tarihinde gerçekleştirmiştir.

Bu gibi gelişmeler devam ederken Türkiye, 12 Eylül 1980 tarihinde, yapılan askeri darbe sonucunda AET ile ilişkileri dondurmuştur. İlişkiler 16 Eylül 1986'da tekrar canlandırılmıştır ve hemen ardından 14 Nisan 1987'de Türkiye tam üyelik için başvuruda bulunmuştur. Tam üyelik başvurusu, 18 Aralık 1989 tarihinde iç pazarın tamamlanması sürecinin bitiminden önce 1992 yılına kadar yeni bir üye kabul edilmeyeceği gerekçesi ile reddedilmiştir.

Ancak ilerleyen süreçte, 6 Mart 1995 tarihinde Türkiye ile AB arasında Gümrük Birliği'nin oluşturulmasına ilişkin karar Ortaklık Konseyi'nde karara bağlanmış ve 1 Ocak 1996'da yürürlüğe girmiştir (DTM, 1999: 299-310).

Yüzyılın sonuna doğru, Türkiye, tam üyelik konusunda yaptığı baskılar sonucunda Helsinki'de 1999 yılında yapılan AB Konsey toplantısında, Birlik üyeliği için aday ülke konumunu elde etmiştir. Ancak, tam üyelik müzakerelerinin başlayabilmesi için Türkiye'nin Kopenhag Kriterlerini yerine getirmesi gerektiği AB tarafından sıkça vurgulanmaktadır (Morgil, 2003).

2.5. Gümrük Birliği

Türkiye'nin 1959 yılında AET'e başvurmasıyla başlayan süreç, Ankara Anlaşmasının imzalanmasıyla devam etmiştir. Ankara Anlaşmasının hükümlerine göre Türkiye'nin topluluğa üyeliği için üç aşama öngörülmüştür. Bunlar sırasıyla hazırlık dönemi, geçiş dönemi ve son dönemdir.

Hazırlık döneminin tamamlanması beş yıl olarak düşünülmüş olsa da 31 Aralık 1972 tarihinde sona ermiştir. Hazırlık döneminin bitmesiyle birlikte Katma Protokol 1 Ocak 1973 tarihinde yürürlüğe girmiş ve geçiş dönemi başlamıştır (İyibozkurt, 1994: 11).

Geçiş döneminde taraflar arasında geçerli olacak kurallar, ürün listeleri ve sanayi malları için 12 yıllık bir geçiş süresi belirlenmiştir. Ancak bu geçiş süreci bütün sanayi mallarını kapsamamaktadır, aksine gelişmekte olan, rekabet gücü düşük ve korunması gereken sanayi dallarının ürünleri için bu süre 22 yıl olarak belirlenmiştir. Adı geçen geçiş dönemleri sonunda tarife oranları sıfıra indirilerek topluluk içerisinde malların serbest dolaşımı sağlanmış olacaktır.

Tablo 3. Tarife İndirimleri İçin Konsey Kararı ile Hazırlanan 12 ve 22 Yıllık Listeler

12 Yıllık Liste			22 Yıllık Liste		
Yıllar	Yüzde İndirim	Uygulanan Vergi (yüzde 50)	Yıllar	Yüzde İndirim	Uygulanan Vergi (yüzde 50)
1973	10	45	1973	5	47,5
1976	10	40	1976	5	45
1978	10	35	1979	5	42,5
1979	10	30	1983	5	40
1980	10	25	1985	10	35
1981	10	20	1986	10	30
1982	10	15	1988	10	25
1983	10	10	1990	10	20
1984	10	5	1991	10	15
1985	10	0	1993	10	10
			1994	10	5
			1995	10	0

Kaynak: TCMB, Avrupa Birliği El Kitabı, 1996: 287

Günuğur'un yapmış olduğu değerlendirmeye göre 12 yıl içerisinde tarife oranlarının sıfırlanacağı sektörler tarıma dayalı ve emek yoğun sektörlerdir. Teknoloji yoğun üretim yapan sektörlerin ürünler için gümrük tarifeleri ise 22 yıl içerisinde sıfıra indirilecektir (Günuğur, 1996: 286). Tablo 3'te, tarife indirimleri gösterilmektedir. Yapılacak olan her indirim bahsedilen yılın ilk gününde hayata geçirilecektir.

Katma Protokol ile tarım ürünleri kapsam dışında tutulmuştur. Bunun için Türkiye'nin öncelikle Topluluğun Ortak Tarım Politikasına uyumunun gerçekleştirilmesi gerekliliği vurgulanmıştır.

Bu aşamada Topluluk ile ilişkilerde aksaklıklar yaşanmış olmakla birlikte 1 Ocak 1996 tarihinde Türkiye ile Gümrük Birliğinin tesisine karar verilmiştir. Türkiye'nin, Topluluğa tam üye olmadan Gümrük Birliğine girmesi bu sürecin Katma Protokolde 1995 sonu olarak öngörülmesinden kaynaklanmaktadır. Bunun yanında, AB'ye tam üye olmadan Gümrük Birliğine giren tek ülke Türkiye olmuştur.

Gümrük Birliğinin içeriğini belirleyen 1/95 sayılı Ortaklık Konseyi Kararı ile sanayi malları ve işlenmiş tarım ürünleri kapsam altına alınmıştır. Temel tarım ürünleri daha önce olduğu gibi Gümrük Birliği dışında tutulmuş ve Türkiye'nin OTP'ye uyumu sonrasına bırakılmıştır.

1/95 sayılı kararın İkinci Kısım ve 22. maddesine göre taraflar tarım ürünlerinin serbest dolaşımını sağlamak istediklerini teyit etmişlerdir ve bunun için ek bir süre gerektiği konusunda anlaşmaya varılmıştır. Aynı kararın 23. maddesinde Topluluğun, Türk tarımının çıkarlarını gözeteceği, Türkiye'nin de tarım ürünlerinin serbest dolaşımını sağlayabilmek amacıyla gerekli OTP tedbirlerini alacağı ve bunları Topluluğa bildireceği vurgulanmıştır. 24. madde ise tarafların tarım ürünleri ticaretinde birbirlerine tanımış oldukları tercihli rejimleri karşılıklı avantajlar yaratacak şekilde ve aşamalı olarak geliştireceklerdir. Kararın 25. maddesinde de belirtildiği gibi, Türkiye'nin OTP tedbirlerini aldığı tespit edilirse, tarım ürünlerinin serbest dolaşımı için gerekli hükümler de uygulamaya koyulacaktır (1/95 Sayılı Ortaklık Konseyi Kararı, www.abgs.gov.tr).

İşlenmiş tarım ürünleriyle ilgili düzenlemeler söz konusu kararın 17-21. maddelerinde düzenlenmiştir. İlgili mevzuatta, adı geçen ürünlerin sanayi ve tarım payları belirlenmiştir. Gümrük Birliği ile birlikte işlenmiş tarım ürünlerinin, sanayi payına denk gelen payına uygulanan tarife oranlarının Topluluğa karşı sıfıra indirilmesi öngörülmüştür (DTM, 1999: 362).

Gümrük Birliğinin, tarım ürünleri ticareti bakımından etkisini genel olarak değerlendirecek olursak, önemli bir etkisinin olmadığını söylemek mümkündür. Ancak dış ticareti genel olarak değerlendirdiğimizde Gümrük Birliğinin Türk ekonomisi açısından net olumlu sonuçlarının olduğu muğlak bir ifadedir.

Grafik 8'de Avrasya Stratejik Araştırma Merkezi'nin (ASAM) yapmış olduğu çalışmanın sonuçları verilmektedir. Türkiye'nin toplam ihracat ve ithalatının GSMH'ya oranı Gümrük Birliği öncesi ve sonrası ortalama olarak alınmaktadır. Gümrük Birliği öncesi olarak kullanılan dönem 1990-1995 yıllarını, sonrası ise 1996-2000 yıllarını kapsamaktadır.

Grafik 8. Gümrük Birliği Öncesi ve Sonrasının İthalat-İhracatın GSMH'ye Oranına Etkisi.

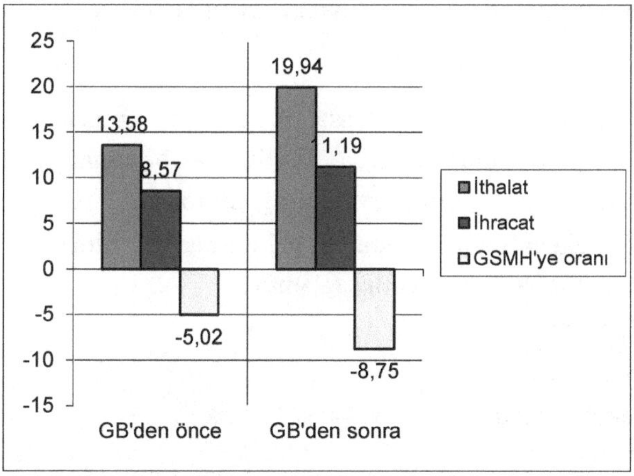

Kaynak: ASAM, 2002: 25

Türkiye'nin toplam ihracatın GSMH'ya oranı gümrük birliği öncesinde yüzde 8.57 iken, sonrasında yüzde 11.19 olarak gerçekleşmiştir. Toplam ithalat ise Gümrük Birliği öncesinde yüzde 13.58, sonrasında yüzde 19.94 olmuştur. Grafikte gösterilen bir diğer gösterge de dış ticaret açığının GSMH'ya oranıdır. Görüldüğü gibi, Gümrük Birliği ile bu oran yüzde 5.02'den yüzde 8.75'e yükselmiştir. Başka bir ifade ile dış ticaret açığı artmıştır yani Gümrük Birliği'nin ithalatı arttırıcı etkisi ihracatı artırıcı etkisinden fazla olmuş denebilir (ASAM, 2002: 25-26).

2.6. Ortak Tarım Politikası

2.6.1. Tarihi Gelişimi

İkinci dünya savaşının yeni bitmiş olması nedeniyle tarım ürünleri üretimi durma noktasına gelmiş, tarım ürünlerinin üretimi yetersiz kalmış bunun sonucunda kıtlık ve yoksulluk baş göstermiştir. Yokluk nedeni ile fiyatlar astronomik rakamlara ulaşmış, gelir dağılımı bozulmuş, çiftçiler üretim yapamaz hale gelmiştir. Bütün bu sebepler de Ortak Tarım Politikası'nın ortaya çıkmasına zemin hazırlamıştır.

1 Ocak 1958 yılında yürürlüğe giren ve Avrupa Ekonomik Topluluğunu oluşturan Roma Antlaşması, Ortak Tarım Politikasının da esaslarını belirlemiştir. Roma Antlaşmasının 39. Maddesinde OTP'nin amaçları şu şekilde belirlenmiştir (Wichern, 2004: 5):

- Teknolojik gelişmeleri destekleyerek, tarımsal üretimin akılcı gelişimini ve başta işgücü olmak üzere bütün tarımsal üretim faktörlerinin optimum kullanımını temin etmek suretiyle tarımda verimliliği artırmak.
- Böylece, öncelikle tarımda çalışanların bireysel gelirlerinin arttırılması yoluyla tarım çevrelerine makul bir hayat standardı sağlamak.
- Pazarı istikrarlı hale getirmek.
- Arzın devamlılığını sağlamak.
- Arzın tüketicilere makul fiyatlardan ulaşmasını sağlamak.

Bu amaçları gerçekleştirmek için Ortak Piyasa Düzenleri (OPD) kurulmuştur. OPD oluşturulmasında üç prensip benimsenmiştir:

- Bu prensiplerden birincisi, ortak bir pazarın kurulmasıdır. Böylece piyasa bütünlüğü sağlanmış olacaktır. Bu prensibin amacı AB'de tarımsal alanda ortak bir pazarın oluşturulması ve tarımsal ürünlerin üye ülkeler arasında serbestçe dolaşabilmesini sağlamaktır.
- İkincisi topluluk tercihleri prensibidir. Bu prensip ile Birlik ürünlerinin satışına öncelik verilmesi hedeflenmiştir. İç pazarın, koruma politikalarıyla ucuz ithalattan korunması, ihracatın ise sübvansiyonlar yoluyla desteklenmesi amaçlanmıştır.
- Üçüncüsü, ortak mali sorumluluk prensibidir. Bu prensip, ortak tarım politikasının uygulanmasında ortaya çıkacak harcamaların üye devletler tarafından ortaklaşa, yani birlik bütçesinden karşılanmasıdır (Can, 2005: 2).

1962 yılından itibaren Avrupa Toplulukları içinde "Ortak Piyasa Düzenleri" oluşturulmuştur ve amaçları şu şekilde belirlenmiştir:

- Ortak bir tarım politikası geliştirmek,
- Üyeler arasındaki ticari ilişkileri geliştirecek şartları temin etmek,
- Mal alış verişinin serbestçe yapılmasını sağlamak,
- İç pazar ve Birlik üretimini üçüncü ülkelere karşı korumaktır (Tan ve Dellal, 2003: 2).

Ortak Piyasa Düzenleri, destek fiyat, dışa karşı koruma sağlayan düzenlemeler, ek yardımlar ve götürü yardımları şeklinde dört temel kategoriye ayrılıp, bu çeşitli piyasa destekleme mekanizmaları ile tarımsal ürünlerin tamamını koruma altına alır. Bunların yanında tarım sektörünü desteklemek amacıyla OPD'nin yanında Yapısal Fonlar da oluşturulmuştur. Yapısal Fonların kuruluş nedenleri, Birlik içinde dengeli kalkınma ve bölgeler arasındaki ekonomik ve sosyal farklılıkların giderilmesidir. Bu amaçla kurulan fonlardan biri olan Avrupa Tarımsal Yönverme ve Garanti Fonu (EAGGF) 4 Nisan 1962'de kurulmuştur. Bu fon Avrupa Birliği bütçesinin genel bütçe harcamaları içerisinde yaklaşık olarak yüzde 60 paya sahiptir. Bu oran, Avrupa'da tarıma verilen önemi ortaya koymaktadır. Aşağıdaki verilen Grafik 9, adı geçen fonun AB bütçesi içerisindeki paylarını yıllar itibarı ile gözler önüne sermektedir (Tan ve Dellal, 2003: 2-3).

Fon 5 Nisan 1964 yılında Garanti Bölümü ve Yönverme Bölümü olarak ikiye ayrılmıştır. Fonun Garanti Bölümü tarımsal ürünlerdeki piyasaların düzenlenmesine yardımcı olmak amacıyla, doğrudan gelir yardımı, müdahale alımları, depolama giderleri ve ihracat sübvansiyonları şeklinde kullanılmaktadır. Bunların yanında yine Garanti Bölümü, kırsal kalkınma ve yapısal konularda mali yardım sağlamaktadır. Yönverme Bölümü ise topluluk içerisinde bölge farklılıklarını gidermek, yeni yatırımları desteklemek, genç çiftçilere başlangıç yardımı yapmak, tarımsal ürünlerin işlenmesinde ve pazarlanmasında olanakların arttırılmasını sağlamak konularında finansman sağlamaktadır (Glucksman: 8; www.zmo.org.tr).

Grafik 9. Yıllara göre OTP'nin AB Bütçesindeki Payları (1974-1999)

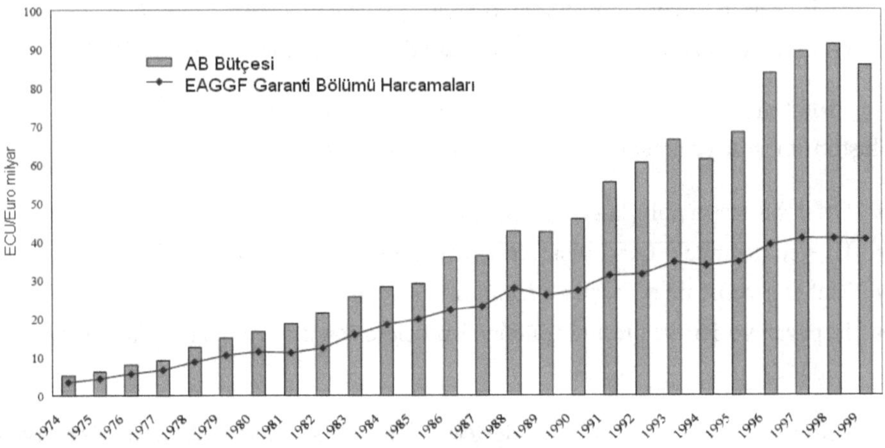

Kaynak: Barclay, 1999: 13

Uygulanan politikaların etkisini göstermeye başlamasıyla birlikte bazı sorunlar ortaya çıkmaya başlamıştır. İhracat sübvansiyonlarının arması birlik üreticilerini net ithalatçı pozisyondan net ihracatçı pozisyonuna geçirmiş olsa da tarım ürünleri fiyatlarında yüksek oranda artışlar ortaya çıkmıştır. Desteklemelerin AB bütçesinde yarattığı yükün yanında, yüksek fiyatların etkisiyle tüketiciler de bu yükün altında kalmaya başlamışlardır. Gıda ürünlerine daha yüksek fiyat ödemek zorunda kalan ve gelir dağılımının bozulduğunu savunan, AB vatandaşları tarım politikasının gözden geçirilmesi konularında kamuoyu baskısı yaratmaya başlamışlardır (Wichern, 2004: 5). Yüksek fiyatlar, sınırsız desteklemeler ve etkin korumalar sebebiyle üretim fazlaları oluşmaya başlamış, üretim yüzde 2 büyürken iç tüketim binde 5 büyümüştür ve bunlar bütçeye daha ağır yükler (bütçe giderlerinin yüzde 60-70'i) getirmeye başlamıştır (Tan, 2003: 3).

Bunların yanında, Soğuk Savaş'ın bitmesiyle birlikte dünya piyasaları liberalleşmeye başlamış ve DTÖ, haksız rekabete yol açtığı gerekçesiyle AB'ye, verdiği sübvansiyonları kaldırması yönünde baskılar yapmıştır. Gerçekte asıl baskı, ABD'nin Uruguay Turu görüşmelerinde AB'ye yapmış olduğu baskıdır. Uruguay Turu, ağırlıklı olarak ABD ve AB arasında süren çatışmalar altında geçmiş, görüşmelerin planlanandan dört yıl daha uzamasına neden olmuştur. Tur sonrası, 1996 yılında ABD'nin tarım politikalarında yapmış olduğu reform (FAIR: Federal Agruculture Improvement and Reform) ile destek şekillerini değiştirmiş, ürünlere verilen farklı sübvansiyonlar yerine ayrımcılık yaratmayacak yeni ödemelerin getirilmiş ve bunlar için yedi yıllık bir geçiş süreci öngörülmüştür. Bu gelişmeler de AB'nin tarım politikası üzerinde baskılar yaratmaya başlamıştır (Guyomard ve diğerleri, 2000: 18).

AB'nin tarım sektörüne yapmış olduğu desteğin bazı OECD ülkeleri ile karşılaştırması Grafik 10'da gösterilmiştir. Açıkça görülmektedir ki AB, diğer ülkelere oranla tarım sektörüne çok daha fazla destek sağlamaktadır.

Grafik 10. OECD Ülkelerinde Üretici Destekleri (USD)

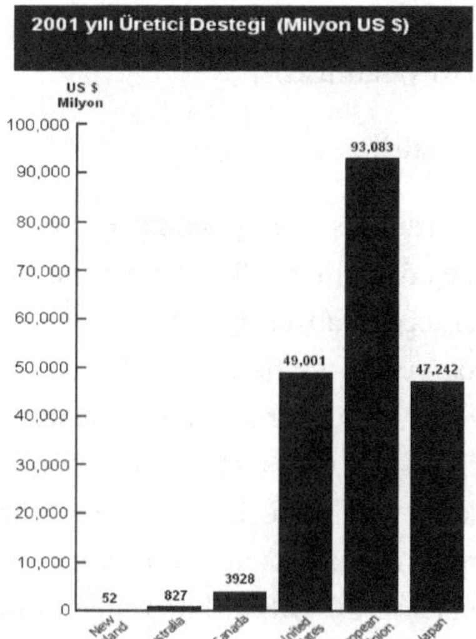

Kaynak: Green ve Griffith, 2002: 5

Bir diğer konu da, AB'nin genişleme sürecinde yeni üyelerin yaratacağı ek yük ve bunların finansmanının yeni sorunların doğmasına sebep olacağıdır. Yukarıda sayılan bu sebeplerden dolayı AB'nin Ortak Tarım Politikası'nda reform arayışları başlamıştır

2.6.2. Reform Hareketleri

21. Yüzyılda AB'nin karşılaşacağı sorunları saptayarak, çözüm önerileri içeren Gündem 2000 metninde, 1992 OTP reformlarının devamı niteliğinde hazırlanan bir dizi reforma yer verilmiştir. Bu kapsamda 21. yüzyılda OTP'nin işleyişine yön verecek yeni amaçlar şöyledir:

Birlik üreticilerinin iç ve dış alanda rekabet gücünün artırılması,

Ürün güvenliğinin sağlanması,

Tarım toplumunun yaşam kalitesi ve gelir düzeyinin artırılması,

Çevre korumanın OTP ile bütünleştirilmesi,

Tarım üreticilerine alternatif iş olanakları yaratılması,

Tarım alanındaki AB mevzuatının sadeleştirilmesi.

Reformların yapılmasındaki bu amaçların dışında görünmeyen veya dile getirilemeyen amaçlar da vardır. Bunlardan en önemlileri DTÖ kurallarına uyarmış gibi görünmek, yeni üye olan ülkelere verilecek sübvansiyonları denetim altına alabilmek ve etkinliğini artırmaktır. Aşağıda verilen grafikte (Grafik 11), OTP'de yapılan reformların etkileri görülebilir. 1990'dan sonra tarım sektöründe kullanılan müdahale araçları değişmiş, doğrudan gelir desteği ve kırsal kalkınma yardımları kullanılmaya başlanmıştır. Yeni üye ülkeler de, eski üye ülkelere göre bu desteklerden farklı yararlanacak, alınan yardımlar kademeli olarak arttırılacaktır. Yeni üyelerin bu desteklerden faydalanmaları 10 yıllık bir zaman dilimine yayılacaktır (Eraktan, 2005: 4).

Grafik 11. EAGGF'de Kullanılan Araçların Değişimi (1980-2002)

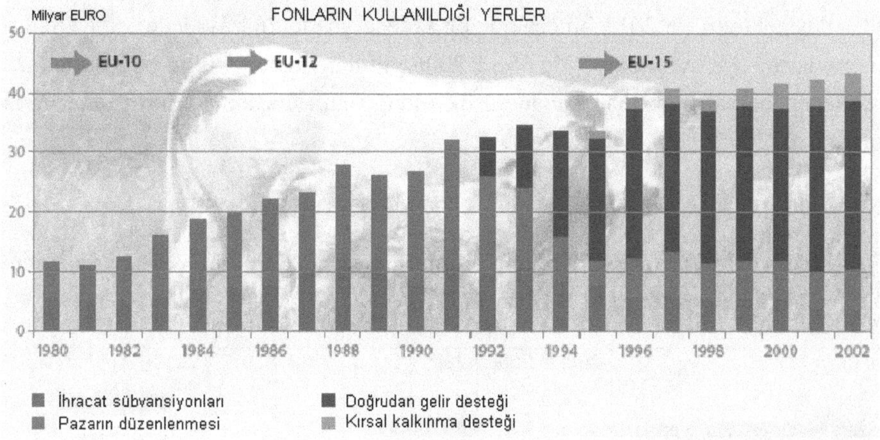

Kaynak: European Communities Directorate General for Agriculture, 2004: 29

Reformların yapıldığı diğer bir alan ise OTP'nin finansman kısmıdır. EAGGF'de yapılan değişikliklere göre bu fon yeniden yapılandırılacak ve EAGGF yürürlükten kaldırılarak yerine iki ayrı fon kurulacaktır.

Bu fonlardan biricisi, yeni Avrupa Tarımsal Garanti Fonu'dur (EAGF: European Agricultural Guarantee Fund). EAGF, eski fonun Garanti Bölümüyle benzerlikler taşımaktadır ve finansman sağlamaya devam edecektir. Bunların yanında, müdahale araçları kullanması, ihracat desteği sağlamak, doğrudan ödemeler, bilgi aktiviteleri, tarımsal ürünlere destek yapmak gibi amaçlar edinmiştir. Ancak eski Garanti Bölümünden farklı olarak, EAGF, kırsal kalkınma ile ilgili destekleri sağlamayacaktır.

Oluşturulan ikinci fon, Avrupa Kırsal Kalkınma Tarım Fonu (EAFRD: European Agricultural Fund for Rural Development) kırsal kalkınma ile ilgili gelecekte yapılacak her türlü finansmanı sağlayacaktır. EAFRD, EAGGF'nin Yönverme Bölümü ile Garanti Bölümünün kırsal kalkınma ile ilgili fonlarının bileşiminden oluşacaktır (EESC, 2005: 2).

Her iki fon için yapılacak nominal harcamalar, 2004 yılı fiyatları temel alınarak, Tablo 4'te gösterilmiştir. OTP için yapılacak harcamalar yeni üyelerin katılmasıyla birlikte yüzde 35 artacağı düşünülmektedir. Ancak, 2007-2013 yılları arasında OTP harcamalarının toplam AB bütçesi içerisindeki payı yüzde 29'lara kadar düşmektedir ve 2013 bütçesinde de sadece yüzde 26 pay hedeflenmektedir. Bu oranların, 1988 yılında yüzde 65 ve 2006 yılında yüzde 45 olduğu düşünülürse hedeflenen harcamaların ne kadar düşük olduğu anlaşılacaktır (European Union Committee, 2005: 13).

Tablo 4. EAGF ve EAFRD için Komisyon tarafından 2007-2013 yılları için teklif edilen harcama tutarları (Milyar EURO)

	2007	2008	2009	2010	2011	2012	2013	Toplam 2007-2013
Pazar ve Doğrudan Yapılan Yardım (EAGF)	43,5	43,7	43,4	43,0	42,7	42,5	42,3	301,1
Kırsal Kalkınma (EAFRD)	11,8	12,2	12,7	12,8	13,0	13,1	13,2	88,8

Kaynak: European Union Committee, 2005: 13

EAGF ve EAFRD fonları 2003 yılında yapılan Komisyon toplantıları sonucunda ortaya çıkmış ve 2007 yılında uygulamaya geçecektir. Fonlarda yapılan bu düzenlemelerin nedeni, kırsal kalkınma konularında yeni üye ülkelerin karşılaşacağı zorlukları bertaraf etmektir. On yeni üyenin ve 2007 yılında Bulgaristan ile Romanya'nın üyeliğinin AB bütçesine getireceği yükün karışıklıklara neden olmaması için fonlarda şeffaflığın sağlanması, desteklerin etkin şekilde dağıtılabilmesi amaçlanmaktadır. Bunların yanında Avrupa Ekonomik ve Sosyal Komitesinin (EESC) 2003 Salzburg Konferansında belirlediği diğer amaçlar şu şekildedir (EESC, 2005: 1):

- Tarım sektörünün yeniden yapılanmasını sağlayacak destekler ile rekabet gücünü artırmak.
- Arazi yönetimine verilecek destekler ile çevre düzenlemeleri yapmak.
- Çiftlik ve çiftçiye hedef alan destekler ile kırsal alanda yaşam kalitesini geliştirmek ve ekonomik aktivitelerin çeşitlendirilmesini desteklemektir.

2.6.3. Türk Tarımının OTP'ye Uyumu

Bütün dünya ülkelerinde olduğu gibi tarım sektörü Türkiye'de de nüfusun gıda gereksinimini karşılaması, tarıma dayalı sanayinin hammadde ihtiyacını karşılaması, istihdam sağlaması, dışa bağımlılığı azaltması ve ödemeler dengesi üzerine etkisi olması nedeniyle önemli bir sektör olma özelliğini korumaktadır.

AB'nin, Türkiye'nin üyeliği ve Ortak Tarım Politikasına uyumu konusunda bazı çekinceleri vardır. Türk tarımının Ortak Pazara entegrasyonu bazı nedenlerden dolayı güçlükler içermektedir. Bunlardan birincisi, Türkiye'nin büyüklüğü konusudur. AB ilk kez bu büyüklükte bir aday ülke ile karşı karşıya kalmıştır. Türkiye'nin katılımı, Avrupa Birliği'ndeki tarımsal alanda yüzde 23'lük bir artışa yol açacaktır. İkincisi, tarım sektörünün Türk ekonomisindeki yapısal önemi ve tarımda çalışan nüfusun genel iş gücündeki payıdır. Türkiye'de 2006 yılında tarım sektörünün gayrisafi milli hasıla içindeki payı yüzde 11, tarımda çalışan nüfusun toplam istihdam içindeki payı yüzde 29'dur (www.tuik.gov.tr). Bu iki gösterge oranlandığında verimliliğin çok düşük olduğu görülmektedir. Türk tarımının diğer bir özelliği de destekli ve yarı destekli olmasıdır. Türk tarımında gelir dağılımının bozuk olması yanında gıda işletmelerinin rekabet gücü AB ile karşılaştırıldığında ortalama olarak düşük olduğu aşikardır (Görünüm, 2006: 7).

Türk tarımının OTP'ye uyum konusunda karşılaştığı başlıca sorun ve kısıtlarını, iç ve dış faktörler olarak ele alacak olursak maddeler halinde şöyle özetleyebiliriz (Bayraç, 2005: 19).

İç Sorunlar

- Türkiye'de tarımsal işletmelerin büyük çoğunluğunu küçük işletmelerin oluşturmaktadır.
- Küçük işletmelerin çok büyük bir bölümü üretimi kendi tüketimini karşılamak için yapmakta, pazar için üretim yapamamakta ve buna bağlı olarak, sermaye birikimi de sağlanamamaktadır.
- Tarım kesiminin karşılaştığı temel sorunlardan biri de, kullanılan teknolojinin eskiliği ve yeni teknolojilerin yeterince ve etkin olarak kullanılmamasıdır. Verimlilik ve üretim kalitesi düşüktür.

- Arazilerin çoğu parçalı ve bölünmüş durumdadır, verimlilik de düşüktür.
- İyi eğitilmiş ve teknik bilgi sahibi emek gücü bulunmamaktadır.
- Üretim ve pazarlama örgütlenmelerindeki yetersizliğin yanı sıra, taşıma ve depolama sistemleri yeterince gelişmemiştir.
- Seçim dönemlerinde izlenen popülist politikalara bağlı olarak tarım politikalarının etkinliği azalmakta ve ayrıca bütçeye ek bir yük getirmektedir.
- Destekleme politikalarıyla aktarılan fonların tarım transferleri içinde geçmesine rağmen, bunların çiftçilere aktarılmadığı veya aktarılamadığı görülmektedir.
- Bir diğer konu da, transferlerin hangi kitleye ulaştırılmak istendiğinin belirsiz olmasıdır.

Dış Sorunlar

- Ülkelerin tarım sektörüne yaptıkları desteklemeler nedeniyle oluşan ürün fiyatları, serbest piyasa koşullarındaki fiyattan farklı olmaktadır. Bu durum dünya fiyatlarını ve dolayısıyla, uluslararası rekabeti etkilemektedir. Maliyetleri oldukça yüksek olan Türkiye de uluslararası piyasalarda rekabet edebilme gücünü kaybetmektedir.
- Uluslararası ticarette yalnız fiyatlara müdahale değil, üretim ve ticaret miktarlarına da çeşitli kısıtlamalar (kotalar) söz konusu olmaktadır.
- Türkiye'nin taraf olduğu (DTÖ ve AB-GB gibi) ve taraf olmayı hedeflediği (AB-OTP) uluslararası anlaşmaların getirdiği çeşitli sınırlamalar vardır (Bayraç, 2005: 20).

2.6.4. OTP'nin Türkiye'ye Olası Etkileri

Türkiye'nin Avrupa Birliğine üyeliği ve OTP'ye uyumu halinde toplumsal refah seviyesinin artacağı öngörülebilir. Ancak, AB'nin harcamalarını kısıtlama çabaları sebebiyle çiftçi refah kaybına uğrayabilecektir. Nitekim OTP'de yapılan reformlar sonucunda üretici olumsuz yönde etkilere maruz kalmıştır. Türkiye AB'ye 1988 yılında üye olsaydı üretici refahının yüzde 106 artacağını söylemek mümkündür. Ancak, 1992 MacSharry reformundan sonra bu oran yüzde 42'ye gerilemekte ve Gündem 2000 reformunun ardından üretici yüzde 15 ile refah kaybına uğramaktadır. Buna karşın birçok üründe fiyatların düşmesi tüketicinin refah seviyesinin artmasına neden olabilecektir (Ertuğrul, 2003: 5).

Tarımın OTP'ye uyumu ile birlikte diğer bir etkinin üretim miktarı üzerinde olacağını söylemek mümkündür. Ürün fiyatlarının düşmesi sonucu üretimin fiziksel ve parasal olarak azalacağı düşünülmektedir. Bunun yanında fiyatlardaki değişiklikler nedeniyle, tarım ürünleri tüketimi fiziksel olarak artış gösterirken, parasal olarak azalacağı beklenmektedir (Ertuğrul, 2003: 9).

OTP'ye uyumun dış ticaretimiz üzerine etkisi oldukça tartışmalı bir konudur. Türkiye'de tarım sektöründe yapılacak bir reform ile tarım işletmelerinin yapısı iyileştirilir, teknoloji kullanımı ve verimlilik arttırılabilirse, özellikle doğal kaynaklar açısından avantajlı olunan ürünlerde, uzun dönemde rekabet gücü elde edilebilir. Ancak Çakmak ve Kasnakoğlu'nun, daha önce Türkiye'nin dış ticaretinde olumlu etki yaratacak olan OTP'ye uyumun, 2000'li yıllarda yüzde 313 oranında aleyhine olacağını söylemektedirler (Varol, 2003: 23).

Aşağıda verilen Tablo 5'te, Türkiye'nin AB'ye üye olduğu takdirde bazı göstergelerde yaşanacak değişiklikler tahmin edilmiştir. Tabloya göre Türkiye'nin OTP'ye uyumunda yaşanan gecikmeler, her geçen gün daha fazla olumsuzluklar getirdiğini ortaya koymaktadır. OTP'ye 1995 yılında uyum sağlanabilmiş olsaydı toplumsal refahın yüzde 23'ler seviyesinde, 2005 yılında ise yüzde 3 düzeyinde artacağı öngörülmüştür. Gecikmenin üretim üzerine etkisi negatif, tüketim üzerine etkisi ise pozitif yöndedir. Erken uyum halinde tarım ürünleri dış ticaret dengesi pozitif rakamlarla ifade edilebilecekken her gecikme dış ticaret dengesini olumsuz etkilemektedir. Aynı zamanda OTP'ye uyum için AB bütçesinden alınabilecek yardımların miktarının da azalacağı tahmin edilmiştir.

Türkiye'nin Birliğe üyeliğinin AB bütçesi üzerindeki etkisi, tarım harcamalarına ayrılan payın arttırılması yönünde olacaktır. Nitekim Türkiye hem tarımsal alanlarının büyüklüğü hem de tarımda istihdam edilenlerin sayısının çokluğu nedeniyle bütçeden büyük bir pay alacaktır. Ancak Türkiye'nin tam üye olacağı ve Bulgaristan ve Romanya gibi 10 yıllık bir geçiş dönemi yaşayacağı varsayılırsa tarımsal ödemelerin etkisi daha uzun süre görülemeyecektir (Bayraç, 2005: 23).

Tablo 5. OTP'ye Uyumun Türkiye Açısından Olası Etkileri

	Akder ve Ark. (1995)			Ertuğrul (1995)			Çakmak ve Kasnakoğlu (2005)		
	Türkiye AB Dışında	Türkiye AB İçinde	Değişim	Türkiye AB Dışında	Türkiye AB İçinde	Değişim	Türkiye AB Dışında	Türkiye AB İçinde	Değişim
	(Milyon $)		%	(Milyon $)		%	(Milyon $)		%
Toplumsal Refah	47,300	58,600	24	36,800	45,400	23	100	103	3
-Üreticiler	10,500	15,000	42				100	85	-15
-Tükiciler	36,800	43,600	19				100	112	12
Üretim (Fiziksel)	100	106	6	100	109	9	100	94	-6
Üretim (Parasal)	23,623	24,352	3	23,435	19,917	-15	39,231	31,613	-19
Tüketim (Fiziksel)	100	103	3	100	106	6	100	108	8
Tüketim (Parasal)	21,929	22,010	0	22,002	20,760	-6	35,727	31,241	-12
Dış Ticaret Dengesi	895	1,212	35	924	2,769	200	899	-1,917	-313
AB Bütçesi Harcama		3,124			1,748				

Kaynak:
http://www.tarim.gov.tr/kurumsal/birimler/merkez/diatk/web/sunumlar/sinanvarol-sunus.ppt

ÜÇÜNCÜ BÖLÜM

TÜRKİYEDE TARIM SEKTÖRÜ

Tarım sektörü, Türk ekonomisi açısından önemli bir sektördür. Cumhuriyetin kuruluşundan 1960'lı yıllara kadar ekonomik kalkınmada öncelikli sektör konumunu korumuştur. 1960'lardan sonra önceliğin sanayi ve hizmetler sektörüne verilmesi tarım sektörünün ekonomi içerisindeki payının azalması sonucunu doğurmuştur.

Tarım sektörünün ekonomi içindeki payının azalmasına karşın, sektörün GSMH ve istihdam içerisindeki payının gelişmiş ülkelerle karşılaştırıldığında önemli derecede yüksek olduğu kesindir. Bunun yanında tarım, yurtiçi gıda ve sanayi sektörünün hammadde gereksinimini karşılaması, dışa bağımlılığı azaltması ve ödemeler dengesi üzerindeki etkisi nedeniyle de önemini korumaktadır. Diğer taraftan temel gereksinimleri karşılaması bakımından sektörde üretimin sürdürülebilir kılınması yalnızca Türkiye açısından değil diğer bütün ülkeler tarafından kabul edilen bir görüştür.

1. TÜRK EKONOMİSİ VE TARIM

1.1. GSMH ve Tarımın Payı

Cumhuriyetin kurulduğu ilk yıllarda, tarım sektörünün önemini M. K. Atatürk'ün "Köylü milletin efendisidir" cümlesi özetlemektedir. 1924 yılında tarımın GSMH'daki payı yüzde 42,8 iken büyüme oranı yüzde 27,2 olarak gerçekleşmiştir. Devam eden süreçte tarım sektörü dalgalı bir seyir izlemekle birlikte yüksek büyüme oranlarını korumuştur. İkinci Dünya Savaşı yıllarında, diğer ülkelerde olduğu gibi tarım sektörü önemli seviyede daralmalar yaşamıştır, ancak, bu durum savaş sonrası yine yüksek oranlı büyümeler ile devam etmiştir.

Söz konusu dönemde sanayi ve hizmetler sektörü de büyümüş ancak, büyüme oranları tarım sektöründeki kadar iyi olamamıştır (Eşiyok, 2004: 127-130).

1960 sonrası kalkınma politikalarındaki değişiklikler tarım sektörünü etkilemiş, tarımın hem GSMH'dan aldığı pay hem de büyüme hızı azalmaya başlamıştır. Bu tarihten sonra tarımdaki büyüme oranı GSMH büyüme oranın altında kalmıştır. Örneğin 1970 yılında GSMH'daki yüzde 4,4'lük büyümeye karşılık, tarım sektörü yüzde 2,8 büyümüş ve milli gelirden aldığı pay yüzde 30,7 olarak gerçekleşmiştir.

1980 yılından sonra, Türkiye'nin serbest piyasa ekonomisine geçişi ile birlikte, sanayileşme politikalarına öncelik verilmiş ve mali kaynaklar bu yöne doğru kaydırılmıştır. 1980 sonrası dönemde sanayi sektörü ve hizmetler sektörü yüksek büyüme oranlarını yakalamış ancak, tarım sektörü düşük büyüme oranları ile karşı karşıya kalmıştır. Bunun sonucunda, 1980 yılında tarım sektörünün GSMH içindeki payı yüzde 24,2 iken 2006 yılında yüzde 11,1'e gerilemiştir. Sanayi sektörü ve hizmetler sektörü ise paylarını aynı yıllarda sırasıyla yüzde 20,5 ve 51,7'den yüzde 29,3 ve 59,6'ya çıkarmışlardır.

Tablo 6. Tarım, Sanayi ve Hizmetler Sektörünün GSMH'dan aldıkları pay ve büyüme hızları

	GSMH	Tarım		Sanayi		Hizmetler	
	Büyüme Hızı	Payları	Büyüme Hızı	Payı	Büyüme Hızı	Payı	Büyüme Hızı
Yıllar	%	%	%	%	%	%	%
1970	4,4	30,7	2,8	17,5	-0,5	51,7	7,3
1980	-2,8	24,2	1,3	20,5	-3,6	55,4	-4,1
1981	4,8	22,6	-1,8	21,5	9,9	55,9	5,8
1982	3,1	22,7	3,3	21,9	5,1	55,4	2,3
1983	4,2	21,6	-0,8	22,4	6,7	56,0	5,3
1984	7,1	20,3	0,6	23,1	10,5	56,6	8,2
1985	4,3	19,4	-0,3	23,6	6,5	57,0	5,0
1986	6,8	18,8	3,6	25,0	13,1	56,2	5,2
1987	9,8	17,2	0,4	24,9	9,2	57,9	13,2
1988	1,5	18,3	8,0	25,1	2,1	56,7	-0,8
1989	1,6	16,6	-7,7	25,9	4,9	57,5	3,2
1990	9,4	16,3	7,0	25,9	9,3	57,9	10,1
1991	0,3	16,1	-0,6	26,5	2,9	57,4	-0,5

1992	6,4	15,8	4,3	26,5	6,2	57,8	7,1
1993	8,1	14,5	-0,8	26,5	8,3	59,0	10,5
1994	-6,1	15,3	-0,6	26,6	-5,7	58,1	-7,6
1995	8,0	14,4	1,3	27,7	12,5	57,9	7,6
1996	7,1	14,0	4,6	27,7	6,8	58,3	7,9
1997	8,3	12,7	-2,2	28,1	10,2	59,2	9,9
1998	3,9	13,4	9,6	27,6	1,8	59,0	3,6
1999	-6,1	13,4	-5,6	27,9	-5,1	58,7	-6,7
2000	6,3	13,1	3,8	27,8	6,2	59,0	7,0
2001	-9,5	13,6	-6,0	28,5	-7,4	57,8	-11,3
2002	7,9	13,6	7,5	28,8	9,1	57,6	7,5
2003	5,9	12,5	-2,4	29,3	7,8	58,2	6,9
2004	9,9	11,6	2,0	29,2	9,4	59,2	11,8
2005	7,6	11,4	5,7	28,9	6,6	59,7	8,5
2006	6,0	11,1	2,9	29,3	7,6	59,6	5,8

Kaynak: DPT

Tarım sektöründeki katma değerin, diğer sektörlerle karşılaştırıldığında daha düşük olduğu göze çarpmaktadır. Örneğin 2003 yılında GSMH bir önceki yıla göre yüzde 5,9 büyürken tarım sektöründe katma değer yüzde 2,5 azalmış, sanayi sektörü katma değeri yüzde 7,8, hizmetler sektörü katma değeri yüzde 6,7 artmıştır (www.ekutup.dpt.gov.tr). 2004 yılında ise, tarımda katma değer yüzde 2 oranında artarken, tarımda çalışan kişi başına katma değer 2003 ve 2004 yılları için sırasıyla 1,5 ve 1,2 oranında artmıştır (Yalçınkaya ve diğerleri, 2006, 101).

Tablo 7. Tarımda Katma Değer

	1996-1997	1998-1999	2000	2001	2002	2003	2004
Tarımda Katma Değerin Büyüme Oranı (%)	1,0	1,7	3,9	-6,5	6,9	-2,5	2,0
Tarımda Çalışan Kişi Başına Katma Değer	3.253	3.517	3.622	2.173	2.862	3.941	4.601
Tarımda Çalışan Kişi Başına Katma Değerin Büyüme Oranı (%)	3,5	-1,2	22,8	-10,2	15,9	1,5	1,2

Kaynak: Yalçınkaya, 2006: 101

1.2. Nüfus ve İstihdam

Türkiye'de kırsal alanda yaşayan nüfusun, toplam nüfus içerisindeki payı oldukça yüksektir. Cumhuriyetin ilk kurulduğu yıllardan 1970'li yıllara kadar geçen sürede kırsal alanda yaşayanların toplam nüfusa oranı yüzde 70'lerin üzerindedir. Tarım sektöründe yaşanan teknolojik gelişmeler insan ihtiyacını azaltmış, sanayi ve hizmetler sektörünün büyümesi ile kentlerde istihdam olanaklarının artması kırsal alandan kente göçü hızlandırmıştır. Böylece, kırsal alanda yaşayanların toplam nüfusa oranı zaman içerisinde azalmıştır. Kırsal alan nüfusunun oranı 1970 yılında yüzde 71,3, 1980 yılında yüzde 64,1, 1990 yılında yüzde 48,7, 2000 yılında yüzde 42,7 ve 2006 yılında yüzde 37,3 olarak belirlenmiştir. Şehirlerde yaşayanların nüfusunun toplam nüfusa oranı ise 1970 yılında yüzde 28,7 iken 2006 yılında yüzde 62,7 olmuştur. Kırsal nüfus oranındaki azalmaya karşın, 2006 yılında kırsal alanda yaşayan nüfusun 37 milyon olduğu düşünüldüğünde kırsal nüfusun önemini koruduğu belirtilebilir.

Tablo 8. Kent ve Kırsal Nüfus

Yıllar	Toplam Nüfus (Bin Kişi)	Kent Nüfusu (Bin Kişi)	Kent Nüfus Oranı (%)	Kır Nüfusu (Bin Kişi)	Kır Nüfus Oranı (%)
1970	35.605	10.222	28,7	25.384	71,3
1975	40.348	13.272	32,9	27.076	67,1
1980	44.737	16.065	35,9	28.672	64,1
1985	50.664	23.238	45,9	27.426	54,1
1990	56.473	28.958	51,3	27.515	48,7
2000	67.420	38.661	57,3	28.759	42,7
2001	68.407	39.709	58,0	28.698	42,0
2002	69.388	40.823	58,8	28.565	41,2
2003	70.363	41.924	59,6	28.439	40,4
2004	71.332	43.036	60,3	28.296	39,7
2005	72.065	44.747	62,1	27.318	37,9
2006	72.974	45.754	62,7	27.220	37,3

Kaynak: DPT

Tarım sektörü, Türkiye'de istihdam yaratan önemli bir sektör olma özelliğini korumaktadır. Kırsal nüfus oranındaki azalmaya karşın, tarım sektöründe istihdam edilenlerin oranı yüksek kalmaya devam etmiştir. Cumhuriyetin kurulduğu yıllarda tarımda istihdam edilenlerin toplam istihdama oranının yüzde 90 olması Türkiye'nin tarım ülkesi olduğunu göstermektedir. 2005 yılı verilerine göre tarım sektörünün payı yüzde 11'lere düşmesine karşın aynı yıl tarımda istihdam oranı yüzde 29 olarak gerçekleşmiştir. Bu oranlar tarım sektöründe insan gücünün henüz, önemini koruduğuna ve mekanizasyonun yeterli seviyede gerçekleştirilemediğine işarettir.

Tablo 9. Tarım Sektöründe İstihdam

Yıllar	Toplam İstihdam	Tarım Sektöründe İstihdam	Toplam İstihdamda Tarımın Payı
1923	5.371	4.850	90
1930	6.372	5.605	88
1940	7.745	6.699	86
1950	9.363	7.939	85
1960	11.945	8.940	75
1970	13.768	8.835	64
1980	16.523	8.960	54
1985	17.547	8.837	50
1988	17.755	8.249	46
1989	18.222	8.639	47
1990	18.539	8.444	46
1991	19.288	9.212	48
1992	19.459	8.718	45
1993	18.500	7.862	42
1994	20.006	8.813	44
1995	20.586	9.080	44
1996	21.194	9.259	44
1997	21.204	8.837	42
1998	21.779	9.039	42
1999	22.048	8.856	40
2000	21.581	7.769	36
2001	21.524	8.089	38
2002	21.354	7.458	35
2003	21.147	7.165	34
2004	21.791	7.400	34
2005	22.046	6.493	29

Kaynak: DPT

Sektörün bir diğer sorunu ise gizli işsizliğin ve mevsimlik işsizliğin yüksek oranlarda seyretmesidir. Bunların yanında, tarımda herhangi bir ücret karşılığı çalışanların oranı önemsenmeyecek derecede düşüktür. Türkiye İstatistik Kurumu'nun 2001 yılında yapmış olduğu anketlere göre tarımsal faaliyetle uğraşan kişilerin yüzde 34,1'i kendi hesabına çalışan, yüzde 64,49'u ücretsiz aile işçisi, yüzde 0,65'i işveren, yüzde 0,71'i yevmiyeli çalışan ve yüzde 0,05'i ücretli çalışan durumundadır.

Grafik 12. Tarımsal Faaliyetle Uğraşan Fertlerin İşteki Durumları

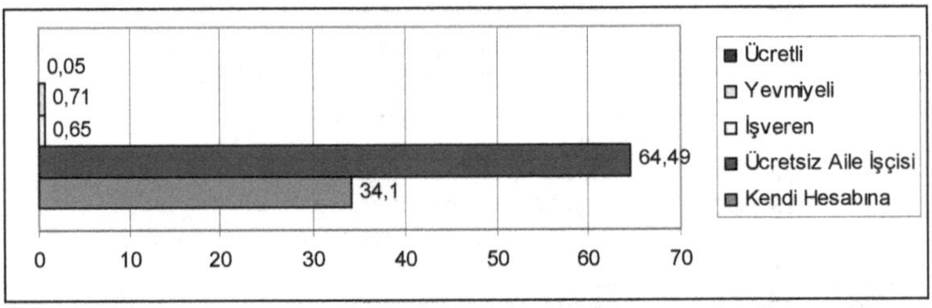

Kaynak: TÜİK

Tarımsal faaliyetle uğraşan kişilerin işteki durumları, tarım sektöründe kurumsal şirketleşmenin gerçekleştirilemediğini ve aile işletmeleri yapısının devam ettiğini gözler önüne sermektedir.

1.3. Dünya'da ve Türkiye'de Tarım Sektörünün Durumu

Gelişmiş ülkelerle karşılaştırıldığında, Türk tarım sektörünün ülke için önemi ve büyüklüğü dikkati çekmektedir. Grafik 13 ile Grafik 14, seçilen bazı ülkelerin tarım sektörlerinin GSMH ve istihdam içindeki paylarını vermekte, böylece Türkiye ile karşılaştırmasında somut kanıtlar sunmaktadır.

Grafikte verilen ülkelerden Danimarka, Fransa, Rusya, İspanya, ABD önemli birer tarım üreticisidir. Buna karşın, Türkiye, tarım sektörünün GSMH içindeki payı ve tarımda istihdam edilenlerin toplam istihdam içindeki paylarına bakıldığında, Romanya ile birlikte oranların yüksek olması dikkati çekmektedir.

Grafik 13. Ülkelere Göre Tarım Sektörünün GSMH İçindeki Payı (2006)

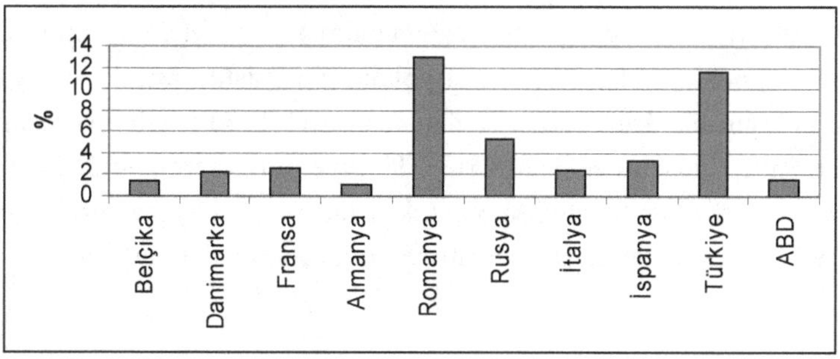

Kaynak: UNECE (Birleşmiş Milletler Avrupa Ekonomi Komisyonu)

Grafik 14. Ülkelere Göre Tarım Sektöründe İstihdam Oranları (2006)

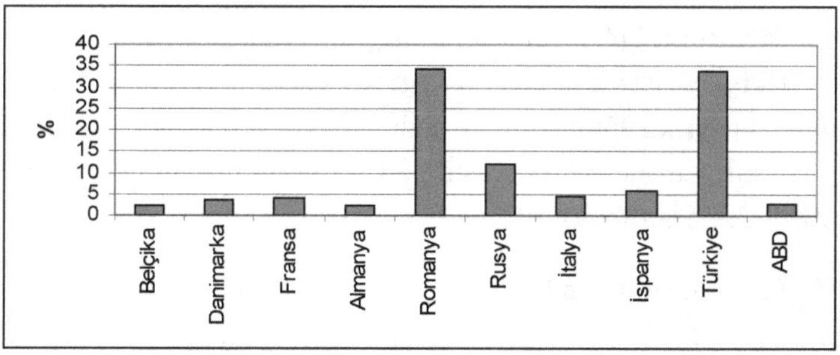

Kaynak: UNECE (Birleşmiş Milletler Avrupa Ekonomi Komisyonu)

Kırsal kesimde yaşayanların sayısı toplam nüfusa oranlandığında durum farklı değildir. Tarımda kullanılan teknolojinin durumuna, makine kullanımına ve tarım sektörüne verilen desteklerin bütçeden aldığı paylara bakıldığında da, Türkiye'nin pozisyonu değişmemektedir.

1.4. Tarım Sektörünün Dış Ticaret İçindeki Durumu

Cumhuriyetin ilk yıllarında dış ticaretimizde ağırlıklı olarak tarım ürünleri dikkati çekmektedir. 1923 yılında tarım sektörünün ihracat içindeki yapı yüzde 78, ithalat içindeki payı ise yüzde 16 oranındadır. Yoğun olarak ihraç edilen malların başında yaprak tütün, kuru üzüm, pamuk, tiftik, yün ve ipek gibi tarımsal ürünler yer alırken en çok ithal edilen mallar buğday, şeker, pamuklu ve yünlü dokuma olmuştur (Özcan, 2007: 10, 14). İkinci dünya savaşı sırasında ise dünya ticaret hacmindeki daralma, Türkiye'nin de dış ticaretinde düşüşlere neden olmuştur. Savaş döneminde dış ticaret dengesinin sağlanabilmesi amacı ile ihracatı arttırmak mümkün olmadığından ithalatın kısılması yoluna gidilmiştir. Ancak, savaş sorası dönemde de belirgin bir ticaret artışı sağlanamamıştır. 1950'li yıllardan sonra dış ticaret hacmi artış göstermekle birlikte, Türkiye'nin yapmış olduğu ihracat içerisinde tarımsal ürünlerin payının yüksek olması ve dünyada tarım ürünleri ticaretine getirilen engellemeler nedeniyle ihracat, ithalat artışından düşük kalmıştır.

Tarım sektörü, dış ticaretten aldığı pay bakımından birinciliğini 1980 yılına kadar korumuştur. 1981 yılından sonra, sanayi sektörü tarım sektörünün önüne geçmeyi başarmış ve büyümeye devam etmiştir; tarım sektörünün dış ticaret içindeki payı ise azalmaya devam etmiştir.

1996 yılında tarım ürünleri ihracatının değeri 3,938 milyon dolar ve toplam ihracat içerisindeki payı yüzde 17'dir. Adı geçen yılda, tarım sektörünün toplam ithalat içerisindeki payı 2,295 milyon dolar ile yüzde 5,3 oranındadır. 2005 yılına gelindiğinde tarımın dış ticaret içindeki payı azalarak ihracatta yüzde 5,7'ye ithalatta ise yüzde 2,1'e gerilemiştir (Tablo 10'a bkz.).

Tablo 10. Tarım Sektörünün Dış Ticaret İçindeki Payı

Yıl	Toplam İhracatın Değeri	Toplam Tarımsal İhracat			Toplam İthalatın Değeri	Toplam Tarımsal İthalat		
		Değer	Pay (%)	Değ. (%)		Değer	Pay (%)	Değ. (%)
1996	23,224	3,938	17.0	-	43,627	2,295	5.3	-
1997	26,261	4,511	17.2	14.6	48,559	2,190	4.5	-4.6
1998	26,974	4,192	15.5	-7.1	45,921	1,897	4.1	-13.4
1999	26,587	3,591	13.5	-14.3	40,671	1,684	4.1	-11.2
2000	27,775	3,094	11.1	-13.8	54,503	1,747	3.2	3.7
2001	31,342	3,563	11.4	15.2	41,399	1,251	3.0	-28.4
2002	36,059	3,249	9.0	-8.8	51,553	1,592	3.1	27.3
2003	47,252	4,162	8.8	28.1	69,339	2,128	3.1	33.7
2004	63,120	5,246	8.3	26.0	97,539	2,398	2.5	12.7
2005	73,476	4,914	6.7	-6.3	116,774	2,676	2.3	11.6
2006	85,141	4,842	5.7	-1.5	137,032	2,839	2.1	6.1

Kaynak: DTM

1996-2006 yılları arasında dış ticarete konu olan tarımsal ürünlerin deseninde de bazı değişiklikler olmuştur. Örneğin, tarımsal ihracat içerisinde temel tarım ürünlerinin payı azalırken, işlenmiş tarım ürünlerinin payında artışlar görülmektedir. İthalata bakıldığında ise durum daha belirgindir. İşlenmiş tarım ürünleri ihracatta olduğu gibi ithalatta da değer olarak artış göstermektedir.

Tablo 11. Temel Tarımsal Grupların Toplam İhracat ve İthalat İçindeki Payları

Tarımsal İhracat (milyon USD)									
Yıl	Temel Tarım			İşlenmiş Tarım Ürünleri			Su Ürünleri		
	Değer	Pay (%)	Değ.(%)	Değer	Pay (%)	Değ.(%)	Değer	Pay (%)	Değ.(%)
1996	3,377	14.5	-	460	2.0	-	101	0.4	-
1997	3,886	14.8	15.1	501	1.9	8.9	124	0.5	22.8
1998	3,705	13.7	-4.7	393	1.5	-21.6	94	0.3	-24.2
1999	3,218	12.1	-13.1	276	1.0	-29.8	97	0.4	3.2
2000	2,705	9.7	-15.9	299	1.1	8.3	90	0.3	-7.2
2001	3,165	10.1	17.0	326	1.0	9.0	72	0.2	-20.0
2002	2,738	7.6	-13.5	388	1.1	19.0	123	0.3	70.8
2003	3,498	7.4	27.8	508	1.1	30.9	156	0.3	26.8
2004	4,424	7.0	26.5	614	1.0	20.9	208	0.3	33.3
2005	3,980	5.4	-10.0	706	1.0	15.0	228	0.3	9.6
2006	3,816	4.5	-4.1	830	1.0	17.6	196	0.2	-14.0
Tarımsal İthalat (milyon USD)									
Yıl	Temel Tarım			İşlenmiş Tarım Ürünleri			Su Ürünleri		
	Değer	Pay (%)	Değ.(%)	Değer	Pay (%)	Değ.(%)	Değer	Pay (%)	Değ.(%)
1996	2,172	5.0	-	62	0.1	-	61	0.1	-
1997	2,022	4.2	-6.9	84	0.2	35.5	84	0.2	37.7
1998	1,715	3.7	-15.2	107	0.2	27.4	75	0.2	-10.7
1999	1,504	3.7	-12.3	122	0.3	14.0	58	0.1	-22.7
2000	1,570	2.9	4.4	126	0.2	3.3	51	0.1	-12.1
2001	1,105	2.7	-29.6	117	0.3	-7.1	29	0.1	-43.1
2002	1,412	2.7	27.8	151	0.3	29.1	29	0.1	0.0
2003	1,905	2.7	34.9	176	0.3	16.6	47	0.1	62.1
2004	2,053	2.1	7.8	253	0.3	43.8	92	0.1	95.7
2005	2,270	1.9	10.6	306	0.3	20.9	100	0.1	8.7
2006	2,338	1.7	3.0	375	0.3	22.5	126	0.1	26.0

Kaynak: DTM

İşlenmiş tarım ürünlerinde ihracatı değeri, 1996-2006 yılları arasında, yüzde 80 artarak, 460 milyon dolardan 830 milyon dolara yükselmiştir. İşlenmiş ürünlerin ithalat değeri ise aynı yıllarda yüzde 505 artarak, 62 milyon dolardan 375 milyon dolara yükselmiştir.

Tarımsal ürünlerin dış ticaret içindeki gelişim seyri incelendiğinde, sektör ihracatçı konumdan ithalatçı konuma geçme eğilimi taşımaktadır.

2. TÜRKİYE'DE TARIMSAL YAPI

2.1. Tarımsal İşletmeler

İşlenen arazinin büyüklüğüne, yasal durumuna bakılmaksızın kendi adına bitkisel üretim yapan, hayvan besleyen veya yem üreten tek yönetim altındaki ekonomik birimler tarımsal işletme olarak tanımlanır. Birey, hanehalkı, kooperatif, şirket ya da devlet kurumu gibi tüzel kişiler, tek yönetim olarak kabul edilmektedirler.

TÜİK'in yapmış olduğu sayımlar doğrultusunda, Türkiye'de 2001 yılında toplam 3.076.649 tarımsal işletme mevcuttur (Tablo 12'ye bkz.). Tarımsal işletmelerin yüzde 99,77'sini hanehalkı, yüzde 0,22'sini birden fazla hanehalkı ortaklığı, yüzde 0,01'ini şirket, kooperatif ve diğer tarım işletmeleri oluşturmaktadır.

Tablo 12. İşletmelerin Yasal Durumuna Göre Sayıları

	İşletme Sayıları			
	1991 Yılı	Yüzde	2001 Yılı	Yüzde
Toplam	4.068.432	100	3.076.649	100
Hanehalkı	4.046.236	99,45	3.069.535	99,77
Birden Fazla Hanehalkı Ortaklığı	22.135	0,54	6.691	0,22
Şirket, Kooperatif, Tarım İşletmeleri vd.	61	0,001	423	0,01

Kaynak: TÜİK

2001 yılında yapılan genel tarım sayımı sonucunda, yasal durumu bakımından tarım işletmelerinin yüzde 99,77'si ve toplam arazinin yüzde 97,63'ü sadece bir hanehalkının oluşturduğu işletmeler tarafından işletilmektedir. Tarımsal işletmelerin yüzde 31,46'sı 20-49 dekar arazi büyüklüğünde yoğunlaşmaktadır (Grafik 15'e bkz.).

Grafik 15. İşletme Büyüklüğüne (Dekar) Göre Tarımsal İşletme Oranı

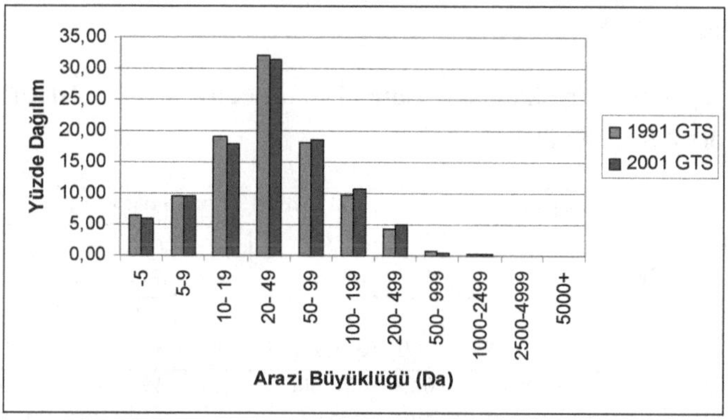

Kaynak: TÜİK

Tarımsal işletmelerin tasarrufunda bulunan arazi 100-199 dekar arazi grubunda yoğunlaşmıştır ve bu grup, 2001 yılında toplam arazinin yüzde 23,81'ini meydana getirmektedir (Grafik 16'ya bkz).

Grafik 16. İşletme Büyüklüğüne Göre İşletmelerin Tasarrufunda Bulunan Arazi Oranı

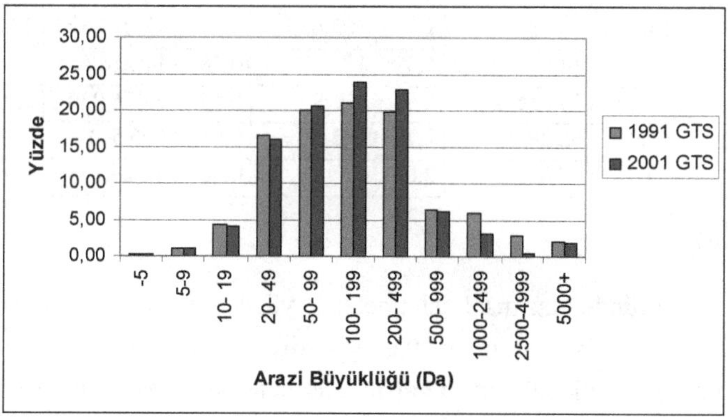

Kaynak: TÜİK

Aşağıda verilen tablo incelendiğinde, Türkiye'de tarımsal işletmelerin yarısının 50 dekardan daha küçük işletmelerden oluştuğunu söylemek mümkündür. Buna en önemli sebebi olarak, Miras Kanunu'nun arazilerin parçalanmasına yardımcı olması gösterilebilir. Tarım sektöründe sermaye birikimini sağlayabilmek, kitlesel üretimi gerçekleştirebilmek adına parçalı arazilerin birleştirilmesi ve Miras Kanunu'nun yeniden düzenlenmesi gerekmektedir. Büyük arazi parçalarında üretimin ve verimin artacağı, böylelikle yatırımlar için uygun ortamın sağlanacağı açıktır.

Tablo 13. İşletme Büyüklüğüne Göre İşletme Sayıları ve İşletmelerin Tasarruflarına Göre Arazi Büyüklükleri

	1991 Genel Tarım Sayımı				2001 Genel Tarım Sayımı			
	İşletme Sayısı	%	Arazi (Da)	%	İşletme Sayısı	%	Arazi (Da)	%
Toplam	3.996.822	100	234.510.993	100	3.022.127	100	184.348.223	100
-5	251.686	6,34	667.059	0,28	178.006	5,89	481.987	0,26
5- 9	381.287	9,61	2.511.091	1,07	290.461	9,61	1.952.471	1,06
10- 19	752.156	18,96	10.042.501	4,28	539.816	17,86	7.378.022	4,00
20- 49	1.274.609	32,13	38.668.961	16,49	950.840	31,46	29.531.619	16,02
50- 99	713.149	17,98	46.750.693	19,94	560.049	18,53	38.127.032	20,68
100- 199	383.323	9,66	49.216.633	20,99	327.363	10,83	43.884.395	23,81
200- 499	173.774	4,38	46.487.432	19,82	153.685	5,09	42.075.497	22,82
500- 999	24.201	0,61	14.982.493	6,39	17.429	0,58	11.218.554	6,09
1000-2499	10.266	0,26	13.856.621	5,91	4.199	0,14	5.476.930	2,97
2500-4999	1.930	0,05	6.538.082	2,79	222	0,01	695.541	0,38
5000+	441	0,01	4.789.427	2,04	57	0,00	3.526.175	1,91

Kaynak: TÜİK

Türk tarım sektöründe, tarımsal işletmelerin yüzde 30,21'i yalnız bitkisel üretim yapan, yüzde 2,36'sı yalnız hayvan yetiştiren, yüzde 67,43'ü ise hem hayvan yetiştiren hem de bitkisel üretim yapan işletmelerden oluşmaktadır (Grafik 17'ye bkz.).

Grafik 17. Tarımsal İşletme Tiplerinin Oranı

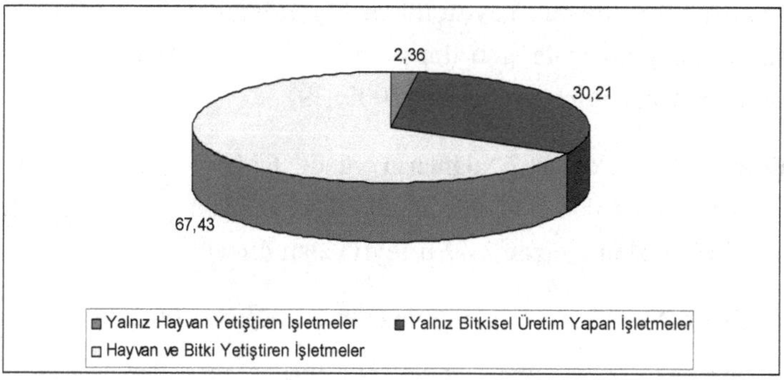

Kaynak: TÜİK

2.2. Tarım Arazilerinin Yapısı

Tarım arazilerinin durumu incelendiğinde, ilk sırayı yüzde 66,47 ile ekilen tarla arazileri almaktadır. Bunu sırasıyla yüzde 14,85 ile nadasa bırakılan, 9,78 meyve ve uzun ömürlü bitkiler, 3,03 daimi çayır ve otlak, 2,54 tarıma elverişli olduğu halde kullanılamayan araziler, 2,02 sebze ve çiçek bahçeleri ve 1,31 ile diğer araziler takip etmektedir.

Grafik 18. Tarım Arazilerinin Durumu

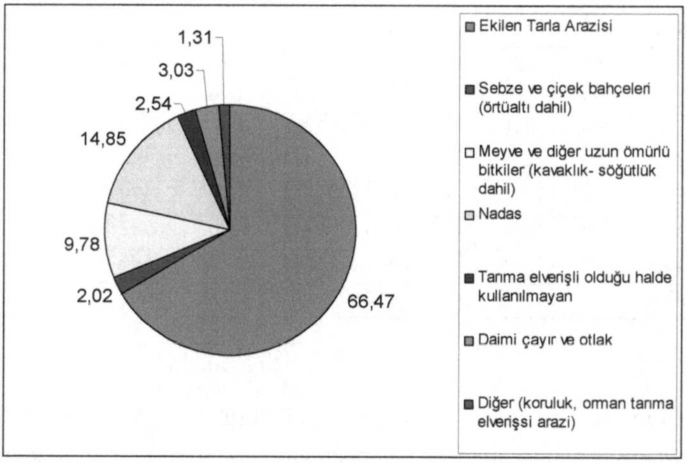

Kaynak: TÜİK

1940'lı yıllarda 14,8 milyon hektar olan ekili ve dikili alan 2005 yılı itibarı ile 26,6 milyon hektara çıkarılmıştır (Yavuz, 2005: 11). Böylelikle, ekilebilir alanların tamamına yakını kullanılır hale getirilmiş ve nitelikli alanların artırılabilmesi olanağı kalmamıştır (Uzunoğlu ve diğerleri, 2000: 29).

2005 yılında Türkiye'de ekili alanların yüzde 68,21'i işlenen tarım alanı, yüzde 18,32'si nadasa bırakılan alan, yüzde 3,03'ü sebze alanı, yüzde 6,01'i meyve alanı, yüzde 1,94'ü bağ alanı, yüzde 2,49'u zeytin alanıdır.

Tablo 14. Tarım Alanlarının Kullanımına Göre Dağlımı (000 Hektar)

Yıllar	İşlenen Tarım alanı	Nadas	Sebze Alanı	Meyve Alanı	Bağ Alanı	Zeytin Alanı	Çayır ve Mera	Orman Alanı	Toplam
1986	18149	5771	638	1490	600	835	14177	20199	27483
1987	18781	5574	609	1517	590	856	14177	20199	27927
1988	18995	5179	612	1531	590	856	14177	20199	27763
1989	19036	5234	610	1563	597	857	14177	20199	27897
1990	18868	5324	635	1583	580	866	14177	20199	27856
1991	18776	5203	652	1560	586	877	12378	20199	27654
1992	18811	5089	663	1565	576	871	12378	20199	27575
1993	18940	4887	654	1615	567	872	12378	20199	27535
1994	18641	5255	709	1618	567	881	12378	20199	27671
1995	18464	5124	785	1340	565	556	12378	20199	26834
1996	18635	5094	785	1344	560	568	12378	20199	26986
1997	18605	4917	775	1364	545	658	12378	20703	26864
1998	18751	4905	783	1389	541	600	12378	20703	26969
1999	18450	5039	790	1393	535	595	12378	20703	26802
2000	18207	4826	793	1418	535	600	12378	20703	26379
2001	18087	4914	799	1425	525	600	14617	20703	26350
2002	18123	5040	831	1435	530	620	14617	20703	26579
2003	17563	4991	818	1500	530	625	14617	20703	26027
2004	18110	4956	805	1558	520	644	14617	21189	26593
2005	18148	4876	806	1598	516	662	14617	21189	26606

Kaynak: TÜİK

Tarımsal üretimi artırmak amacıyla, ekilebilir alanlar genişletilmeye çalışılmış olmasına karşın, arazinin yapısından ve toprak problemlerinden kaynaklanan kayıplar söz konusudur. Türkiye'de, 7 milyon dekar arazi çoraklaşma tehdidi ile karşı karşıyadır. Bunun yanında 9,5 milyon dekar arazi eğimli ve taşlı yapısı nedeniyle tarımsal üretimin yapılmasını güçleştirmektedir.

2.3. Tarımsal Üretim Yapısı

Tarımsal üretimi üç ana başlık altında incelemek mümkündür. Bunlar bitkisel üretim, hayvansal üretim ve su ürünleri üretimidir.

2.3.1. Bitkisel Üretim

1996-2005 yılları arasında hemen hemen bütün bitkisel ürünlerde üretim artışı sağlanmıştır. Üretim artışı büyük ölçüde verimdeki artıştan kaynaklanmaktadır.

Grafik 19. Bazı Ürünlerde Üretim Trendi (ton)

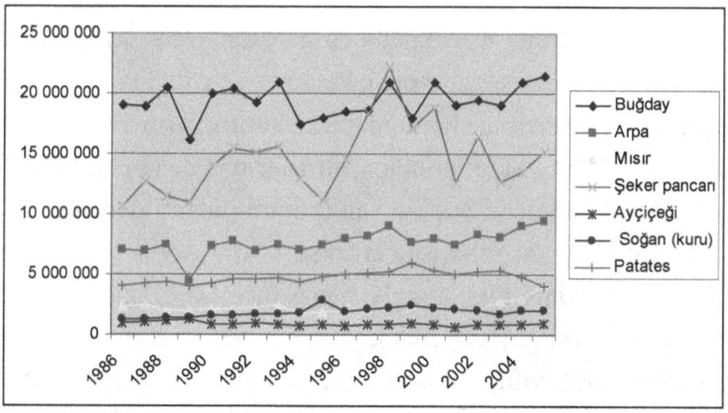

Kaynak: TÜİK

Bazı ürünlerde verimlilik artışlarının diğer ürünlere oranla daha fazla olmasının nedeni o ürünlerde desteklerin ve sübvansiyonların artması, modern üretim tekniklerinin kullanılması, mekanizasyonun sağlanması ve girdi kullanımındaki gelişmelerdir (Uzunoğlu ve diğerleri, 2000: 32).

Grafik 20. Kavun-Karpuz, Domates, Elma, Üzüm ve Portakalda Üretim Trendi

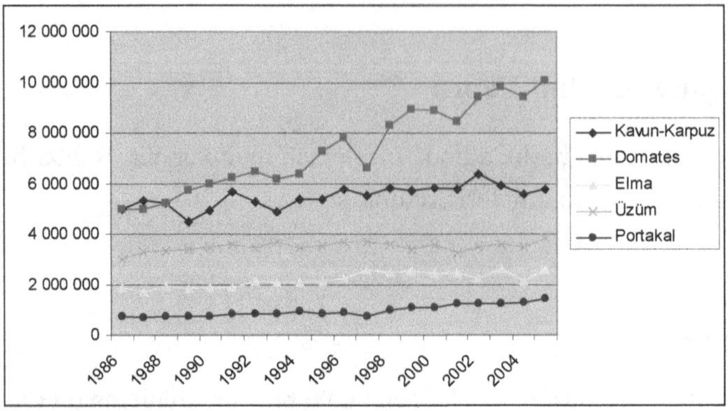

Kaynak: TÜİK

2.3.2. Hayvansal Üretim

Türkiye, hayvancılık bakımından büyük bir potansiyele sahip olmasına rağmen, bu potansiyelini değerlendirememektedir. Uygulanan politikaların, hayvancılıkla uğraşan kesimi yeterince kapsamaması, yatırımların yetersiz kalması gibi nedenlerden hayvan üretim miktarlarında azalmalar meydana gelmiştir. Tablo 15'te görüldüğü gibi büyük ve küçük baş hayvan üretimi önemli derecede azalmış kümes hayvanları üretimi ise yıllar itibarı ile artmıştır. Sığır sayısı yaklaşık olarak 12 milyondan 10,5 milyona gerilemiş, manda sayısı üçte iki oranında, koyun ve keçi sayısı ise yarı yarıya azalmıştır. Büyük baş hayvan sayısındaki azalmaya karşın, tavuk sayısı 1991-2005 yılları arasında iki katından biraz daha fazla artış göstermiştir. Bunların dışında arı kovanı sayısı önemli bir artış gösterirken, ipek böcekçiliği üretimi neredeyse yüzde 90 oranında azalarak varlığını sürdürme çabası içine girmiştir.

Tablo 15. Hayvan Türlerine Göre Hayvan Sayıları, 1991-2005

	Sığır	Manda	Koyun	Keçi	Tavuk	Hindi	Arı Kovanı Sayısı	İpek böcekçiliği Yaş Koza (ton)
1991	11 972 923	366 150	40 432 340	10 764 198	139 206 204	3 132 676	3 428 442	1 353
1992	11 950 907	352 410	39 415 938	10 453 940	152 530 052	3 332 794	3 540 328	782
1993	11 910 000	316 000	37 541 000	10 133 000	178 259 982	3 340 241	3 685 447	724
1994	11 901 000	305 000	35 646 000	9 564 000	183 684 303	3 441 995	3 786 588	452
1995	11 789 000	255 000	33 791 000	9 111 000	129 014 427	3 291 000	3 916 038	271
1996	11 886 000	235 000	33 072 000	8 951 000	152 956 970	3 063 540	3 964 718	215
1997	11 185 000	194 000	30 238 000	8 376 000	166 272 485	5 327 501	4 002 302	161
1998	11 031 000	176 000	29 435 000	8 057 000	236 997 651	3 805 345	4 199 351	136
1999	11 054 000	165 000	30 256 000	7 774 000	239 747 937	3 762 516	4 321 696	133
2000	10 761 000	146 000	28 492 000	7 201 000	258 168 320	3 681 558	4 267 123	60
2001	10 548 000	138 000	26 972 000	7 022 000	217 575 192	3 254 018	4 115 353	47
2002	9 803 498	121 077	25 173 706	6 780 094	245 776 323	3 092 408	4 160 892	100
2003	9 788 102	113 356	25 431 539	6 771 675	277 532 596	3 994 093	4 288 853	169
2004	10 069 346	103 900	25 201 155	6 609 937	296 876 067	3 902 346	4 399 725	143
2005	10 526 440	104 965	25 304 325	6 517 464	317 497 114	3 697 103	4 590 013	157

Kaynak: TÜİK

Büyük ve küçük baş hayvan sayılarındaki azalmalara rağmen süt üretimi 1991-2005 yılları arasında artış göstermiştir. Süt üretimindeki artışın kaynağı, inekten elde edilen sütteki verimlilik artışıdır. Daha fazla süt veren kültür ve melez sığır türlerinin kullanılması verimlilik artışını sağlamıştır. 2005 yılında süt üretiminin yüzde 90,3'ü sığırdan, yüzde 7,1'i koyundan geri kalan oran ise keçi ve mandadan elde edilmiştir.

Tablo 16. Süt Üretim Miktarı, 1991-2005 (ton)

	Toplam	Koyun	Keçi	Sığır	Manda
1991	10 239 942	1 127 443	334 739	8 616 412	161 348
1992	10 279 060	1 089 173	319 349	8 714 878	155 660
1993	10 406 264	1 047 379	314 027	8 904 472	140 385
1994	10 561 006	991 801	296 726	9 128 873	143 606
1995	10 601 552	934 499	277 207	9 275 312	114 534
1996	10 760 938	921 662	265 455	9 465 627	108 194
1997	10 076 527	826 348	249 302	8 914 177	86 700
1998	9 970 531	813 077	245 580	8 832 059	79 815
1999	10 082 009	804 696	236 581	8 965 489	75 243
2000	9 793 962	774 380	220 211	8 732 041	67 330
2001	9 495 550	723 346	219 795	8 489 082	63 327
2002	8 408 568	657 388	209 622	7 490 634	50 925
2003	10 611 011	769 959	278 136	9 514 138	48 778
2004	10 679 406	771 715	259 087	9 609 326	39 279
2005	11 107 897	789 878	253 759	10 026 202	38 058

Kaynak: TÜİK

Kırmızı et üretimi, hayvan sayısındaki düşüşe bağlı olarak azalmış ve 1991 yılında üretim miktarı 466.779 ton iken 2005 yılında 409.423 tona gerilemiştir. 2005 yılında kırmızı et üretiminin yüzde 78,6'sı sığırdan, yüzde 18'i koyundan elde edilmiştir.

Tablo 17. Kırmızı Et Üretimi, 1991-2005 (ton)

	Toplam Kırmızı Et Üretimi	Koyun	Keçi	Sığır	Manda	Deve	Domuz
1991	466 779	128 626	19 570	309 563	8 803	103	114
1992	448 943	122 887	17 286	300 652	7 967	42	109
1993	432 293	112 806	16 166	296 066	7 131	29	97
1994	466 153	126 306	14 908	316 654	8 162	42	82
1995	415 239	102 115	14 124	292 447	6 094	13	446
1996	416 797	98 127	12 274	301 828	3 140	4	1 424
1997	516 945	116 104	15 592	379 541	5 640	15	53
1998	532 504	144 703	23 429	359 273	4 762	22	314
1999	511 296	132 476	23 693	349 681	5 196	9	240
2000	491 499	111 139	21 395	354 636	4 047	8	274
2001	435 778	85 661	16 138	331 589	2 295	9	86
2002	420 595	75 828	15 454	327 629	1 630	18	37
2003	366 962	63 006	11 487	290 455	1 709	24	280
2004	447 154	69 715	10 301	364 999	1 950	16	174
2005	409 423	73 743	12 390	321 681	1 577	18	14

Kaynak: TÜİK

Beyaz et üretimi ise tavuk sayısındaki artışa bağlı olarak yükselmiştir. Tavuğun, beyaz et üretimi içindeki payı 2005 yılında yüzde 95,6'dır; geri kalan yüzde 4,4'lük kısım hindi, ördek ve kaza aittir.

Tablo 18. Beyaz Et Üretimi, 1995-2005 (ton)

	Toplam Beyaz Et Üretimi	Tavuk	Hindi	Kaz	Ördek
1995	282 038	282 038	-	-	-
1996	422 367	420 609	1 027	464	266
1997	471 927	471 415	376	97	40
1998	487 542	486 710	702	106	24
1999	609 653	596 880	12 744	24	5
2000	662 748	643 457	19 274	13	4
2001	629 888	614 745	15 125	13	5
2002	726 607	696 187	30 401	13	6
2003	905 252	872 419	32 801	21	10

2004	914 458	876 774	37 623	51	10
2005	979 412	936 697	42 709	5	2

Kaynak: TÜİK

Yumurta üterimi de beyaz et üretiminde olduğu gibi tavuk sayısındaki artışla ilintilidir. Ancak göz ardı edilmemesi gereken nokta, özel yatırımcının bu sektöre olan ilgisinin artmış olmasıdır. Beyaz et üretiminde 1991 ve 2005 yılları arasında elde edilen yüzde 247'lik artışın ve aynı dönemde yumurta üretimindeki yüzde 57'lik artışın arkasında yatan en önemli neden sektöre yapılan özel sektör yatırımlarıdır.

Tablo 19. Yumurta ve Bal Üretim Miktarları, 1991-2005

	Yumurta (Bin Adet)	Bal (ton)
1991	7 667 990	54 655
1992	8 215 016	60 318
1993	10 006 269	59 207
1994	9 845 407	54 908
1995	10 268 668	68 620
1996	9 787 220	62 950
1997	12 089 341	63 319
1998	13 887 864	67 490
1999	14 090 023	67 259
2000	13 508 586	61 091
2001	10 575 046	60 190
2002	11 554 910	74 554
2003	12 666 782	69 540
2004	11 055 557	73 929
2005	12 052 455	82 336

Kaynak: TÜİK

Önemi giderek artan bir diğer sektör ise arıcılıktır. Kovan sayısındaki artışa bağlı olarak, bal üretimi yüzde 50 oranında büyüme kaydetmiştir.

2.3.3. Su Ürünleri Üretimi

Su ürünleri üretimi, yıllara göre dalgalı bir seyir izlemekle birlikte, genel olarak artmaktadır. En büyük payı ise avlanan deniz balıkları oluşturmaktadır. Ancak, avlanma yöntemiyle elde edilen su ürünlerinin doğal yaşamı olumsuz etkilememesi ve sürdürülebilirliğin sağlanabilmesi açısından önlemlerin alınması ve avlanma yasaklarına ciddiyetle uyulması önemlidir. Kaçak avlanma su ürünlerinde tür sayısını ve miktarını ciddi şekilde etkileyebilmektedir.

Tablo 20. Su Ürünleri ve Üretim Miktarları, 2000-2004 (Adet)

	2000	2001	2002	2003	2004
Avlanan balık ürünleri miktarı	441 690	465 180	493 446	416 126	456 752
Avlanan diğer deniz ürünleri (yumuşakçalar, kabuklular) miktarı	18 831	19 230	29 298	46 948	48 145
Avlanan tatlısu ürünleri miktarı	42 824	43 323	43 938	44 698	45 585
Kültür balıkları üretim miktarı	79 031	67 244	61 165	79 943	94 010

Kaynak: TÜİK

2.4. Tarımsal Girdiler

Tarımsal girdiler içerisinde üretimi etkileyen en önemli girdi sulamadır. Ekilen arazilerde verim artışı sağlayarak, üretim miktarını ve ürün kalitesini pozitif etkilemektedir. Bunun yanında iklim şartlarındaki olumsuzlukların bertaraf edilmesine imkân sağlamaktadır. 2006 yılı itibariyle Türkiye'de sulanan toplam alan 35.057.488 dekardır. Sulanan alanların yüzde 81,8'i salma sulama, yüzde 16,6'sı yağmurlama ve yüzde 1,6'sı da damla sulama yöntemiyle sulanmaktadır. Sulama için kullanılan suların yüzde 37,56'sı kuyulardan, yüzde 28,63'ü akarsulardan, yüzde 15,87'si barajlardan, yüzde 10,05'i kaynaklardan, yüzde 2,85'i göletlerden, yüzde 1,93'ü göllerden, geri kalan yüzde 3,11'lik pay ise diğer çeşitli kaynaklardan sağlanmaktadır.

Grafik 21. Sulanan Arazilerin Kaynak Bakımından Dağılımı

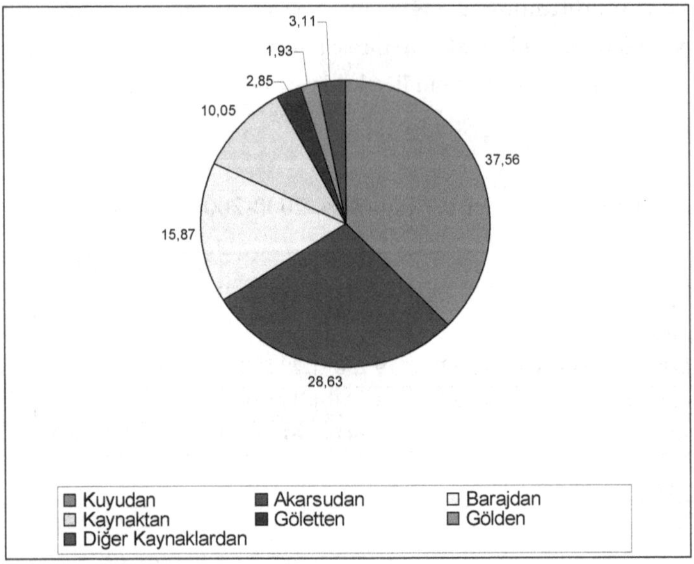

Kaynak: TÜİK

Tarımsal mekanizasyon araçları, üretimde önem arz eden diğer bir girdi türüdür. Emeğin kullanımını azaltarak verimliliğin artmasına yol açan tarımsal makine ve aletler, maliyetlerin yüksek oranda azalmasına yardımcı olduğu gibi zamandan tasarrufu da sağlamaktadır. Kullanılan teknoloji, ürün kalitesini artırırken büyük ölçekte üretim yapılmasını da kolaylaştırmaktadır. Bunlardan en önemlisi olan traktör sayısı aşağıda, Tablo 21'de verilmiştir. 1986 yılında 612.374 adet olan traktör sayısı 2005 yılı sonunda 1.022.365'e ulaşarak yüzde 67 oranında artmıştır. Karasaban ise Cumhuriyetin ilk yıllarında yoğun olarak kullanılan tarım aleti iken günümüzde sayısı oldukça azalmıştır. 1986 yılında 652.128 adet iken 2005 yılında 103.578'e düşmüştür. Sayısındaki azalmaya karşın, hala çok yüksek sayıda karasaban kullanılmakta ve çağdaş üretim yöntemleri ile ters düşmektedir.

Tablo 21. Tarım Sektörü İçin Seçilmiş Bazı Göstergeler

Yıllar	Toplam Traktör Sayısı	Toplam Karasaban Sayısı	Toplam Gübre Kullanımı (ton)	Toplam Zirai İlaç Kullanımı (ton)
1986	612 374	652 128	7 690 539	39 115
1987	637 449	629 414	8 977 335	32 957
1988	654 636	543 299	8 114 372	34 152
1989	672 845	524 899	9 069 690	35 349
1990	692 454	500 834	9 509 481	34 055
1991	704 373	442 330	8 981 296	28 220
1992	725 933	413 228	9 735 393	29 645
1993	746 283	372 559	11 150 034	32 363
1994	757 505	340 020	7 515 511	28 962
1995	776 863	316 717	8 556 231	33 243
1996	807 303	285 323	8 953 858	36 595
1997	874 995	214 471	9 165 789	33 575
1998	902 513	188 505	10 945 816	29 905
1999	924 471	178 052	10 985 323	32 323
2000	942 441	152 744	10 424 828	33 543
2001	948 416	146 768	8 292 752	29 798
2002	970 083	129 169	8 645 636	30 792
2003	997 620	125 335	9 762 347	35 665
2004	1 009 065	110 486	10 152 791	35 123
2005	1 022 365	103 578	10 260 076	44 337

Kaynak: TÜİK

Diğer önemli girdiler ise gübre ve kimyasal ilaçlardır. Toplam gübre kullanımı, 1986 yılında 7.690.539 ton iken 2005 yılında 10.260.076 tona yükselerek yüzde 33 oranında artmış, aynı yıllarda zirai ilaç kullanımı yine dalgalı bir seyir izleyerek 39.115 tondan 44.337 tona yükselmiştir.

2.5. Tarımda Verimlilik

Verimlilik oranı, birim alandan elde edilen ürün miktarı olarak açıklanmaktadır. Bu tanım çerçevesinde Türkiye'de tarımsal ürünlerde verimin artığını söyleyebiliriz (Milli Prodüktivite Merkezi, 2002: 34-35). Cumhuriyetin kurulduğu ilk yıllardan 1980'li yıllara kadar üretim artışı, verimliliğin yanında tarımsal alanların genişletilmesiyle sağlanmış olmakla birlikte, 80'li yıllardan sonra arazi kullanımının artırılması mümkün olmadığından verimliliğin artırılması ön palan çıkmaktadır.

Gübre kullanımı, kimyasal ilaç kullanımı, tohumluk, makine-ekipman kullanımı, sulama olanaklarının geliştirilmesi ve teknolojik gelişmelerin tarıma aktarılması ile bitkisel üretimde verimliliği artırmak mümkündür. Bunların yanında girdilerin verimliliğindeki artış, yani girdilerin nitelikleri de verimliliği önemli derecede etkilemektedir. Kontrol edilemeyen iklim koşulları ve toprağın durumu verimliliği doğrudan etkileyen diğer parametrelerdir.

Türk tarım sektöründe iklim koşullarının etkisi büyüktür. Ancak yıllar itibarı ile girdi kullanım miktarı yükselmiş ve verimliliği pozitif yönde etkilemiştir. Bu noktada belirtmek gerekir ki, girdiler etkin kullanılamadığından verimlilik artışı düşük seviyede kalmaktadır. Bunda birinci etmen ise çiftçinin tarımsal üretim konusunda yeterince bilgi ve eğitim sahibi olmamasıdır.

Aşağıda verilen Tablo 22'de seçilmiş bazı ürünler için yıllara göre hektar başına düşen üretim miktarları gösterilmiştir. 1986-2005 yılları arasında verimlilik artışı buğdayda yüzde 14, mısırda yüzde 70, pirinçte yüzde 41, şeker pancarında yüzde 48, saf pamukta yüzde 78, ayçiçeğinde yüzde 26'dır.

Tablo 22. Seçilmiş Bazı Bitkisel Ürünlerde Verim (kg/hektar)

Yıl	Buğday	Mısır	Pirinç	Şeker Pancarı	Pamuk (saf)	Ayçiçeği
1986	2032	4107	3000	30536	885	1364
1987	2007	4211	3113	32476	916	1419
1988	2173	4000	3088	36356	878	1533
1989	1732	3922	3000	30917	851	1623
1990	2116	4078	2604	36819	1021	1201

1991	2118	4208	2970	38558	935	1410
1992	2010	4238	3000	37784	900	1550
1993	2143	4545	3010	36908	1061	1365
1994	1786	3814	2963	31417	1080	1263
1995	1915	3689	3000	35774	1125	1538
1996	1979	3636	3063	34423	1054	1357
1997	1997	3817	3000	38928	1152	1607
1998	2234	4182	3150	44168	1166	1468
1999	1919	4434	3138	40409	1100	1597
2000	2234	4144	3621	45902	1345	1476
2001	2032	4000	3661	35211	1336	1275
2002	2097	4200	3600	44361	1370	1545
2003	2088	5000	3434	40034	1443	1468
2004	2258	5505	4200	42865	1462	1636
2005	2324	7000	4235	45208	1579	1723

Kaynak: TÜİK

Bitkisel üretimde olduğu gibi hayvancılık sektöründe de verimlik artışları sağlanmıştır. Hayvanlarda kültür ve melez türlerin kullanılması, yemlik kalitesi ve verimindeki artış, süt üretiminde verimliliğin yükselmesinde etkili olmuştur. Hayvan sayısındaki düşüşe karşın süt üretiminin artması bunun kanıtıdır.

3. TARIM POLİTİKALARI

Cumhuriyetin kurulduğu yıllarda, Türkiye'nin Osmanlı'dan devraldığı ekonomi, tarıma dayalı yapısıyla dikkat çekmektedir. Ancak ekonomi tarıma dayalı olmasına karşın, köylü toprağın sahibi değildir ve üretimi kendi geçimini sağlayacak kadar yapmaktadır, dolayısıyla ticaret piyasası mevcut değildir, tarımda teknoloji ve girdi kullanılmadığından verimlilik düşüktür. Bu durum tarım sektörünün kalkınması ve sermaye birikimini sağlaması önünde büyük bir engel teşkil etmiştir.

Tarımın gelişmesini sağlamak amacıyla bu yıllarda devlet, sektörü destekleyici politikalar izlemiştir. İlk destekler gübre, ilaç, traktör gibi girdilerin sağlanması şeklinde olmuştur. Ancak, bu dönemde daha çok tarıma yönelik kurumsal ve kanuni düzenlemelerin gerçekleştirilmesi için çalışmalar yapılmıştır.

Kurulan kurumlarla, bazı ürünlerin korunması, ıslahı ve üretimin artırılması hedeflenmiştir. Uygulanan politikalar, 1929 yılında dünyada yaşanan büyük buhranın etkilerine rağmen başarılı olmuş ve üretimi arttırarak, tarım sektörünün iç pazarın ihtiyaçlarını karşılamasında etkili olmuştur.

Büyük buhranın ardından bütün dünyada olduğu gibi Türkiye'de de devletçi anlayış ön plandadır. Ancak, Türkiye'de devletçi politikaların bu yıllarda baskın olması, dünyada yayılan devletçi anlayış düşüncesinden ve konjonktüre ayak uydurmaktan ziyade bir zorunluluktur. Sermaye birikimi yetersiz olduğundan ve özel girişimin yokluğundan dolayı, yatırımların devlet eliyle yapılması gerekmiştir. Bu gereksinim tarım sektöründe olduğu gibi diğer sektörler için de ortaya çıkmıştır.

Köylünün kendi toprağı olmadığından Çiftçiyi Topraklandırma Kanunu çıkarılmış, ekilen araziler büyütülmüş; traktör, donanım, tohum, gübre ve ilaç girdilerini arttırabilmek amacıyla Türkiye Zirai Donatım Kurumu kurulmuş; çiftçiye fidan, tohum ve damızlık sağlayabilmek amacıyla Devlet Üretme Çiftlikleri oluşturulmuş; teknoloji kullanımını yaygınlaştırmak ve tarımsal eğitimi artırmak için okullar kurularak hukuki zemin hazırlanmıştır. Yine bu yıllarda üreticiyi örgütleyebilmek amacıyla Tarım Satış Kooperatifleri kurulmuştur (Gürbüz, 2005: 35-37).

Uygulanan politikalar sonucunda arazi kullanımı genişleyerek teknoloji, bilgi, girdi, sermaye kullanımı artmış ve bunların sonucunda tarımda verim yükselmiştir. Bunların yanında, ürün çeşitliliği ve üretim miktarı artmaya, sanayinin hammadde ihtiyacı karşılanmaya başlamıştır.

İkinci Dünya Savaşı sonrasında, konjonktüre bağlı olarak devletçi politikalar terk edilme eğilimine gidilmiştir. Türkiye'nin de, Marshall yardımlarından yararlanması sebebiyle, bu sürece dahil olduğu ifade edilebilir. Ancak, özel girişimin ve sermaye birikiminin hala yetersiz olmasından dolayı, devletin ekonomi içerisindeki ağırlığı kayda değer miktarda azalmamıştır. Marshall planı ile birlikte Türk tarımında modernleşme süreci hızlanmıştır. 1950'li yıllarda Ziraat Bankası, Devlet Su İşleri, Et ve Balık Kurumu, Yem Sanayi, Zirai Mücadele ve

Karantina Genel Müdürlüğü, Toprak Su Genel Müdürlüğü gibi kurumlar ve KİT'ler kurulmuştur.

1950'li yıllarda, traktör sayısının artmaya devam etmesi işlenen tarım arazilerinin çoğalmasına neden olmuştur. Verilen tarımsal krediler artarken, gübre, ilaç, alet, makine kullanımı yoğunlaşmış ve arazilerin sulanabilmesi için gerekli yatırımlar da hızlanmıştır. Bunların sonucunda yükselen verim, üretimde artışları ortaya çıkarmıştır.

Demiryollarının ve karayollarının yapımı hızlanmış, böylelikle tarım ürünleri pazarlara ulaşabilme olanağı bulmuştur. Tarım ürünleri, sanayide girdi olarak kullanılabilecek mallar yönünde çeşitlenmeye başlamıştır. Tarım sektörüne yönelik korumacı-desteklemeci politikalar bu dönemde gelişerek devam etmiş, desteklere ayrılan kaynaklar ile desteklenen ürün sayısı artmış ve köylülerin geliri yükselmiştir (Aysu, 2001, 87-2).

1960'lı yıllarla birlikte planlı dönem başlamış ve her plan izlenecek politikalara damgasını vurmuştur. Bunlardan birinci beş yıllık kalkınma planında (1963-1967), diğer desteklemeler arka plana itilerek, üretim girdilerinin desteklenmesi öncelikli olarak değerlendirilmiştir. İkinci beş yıllık kalkınma planında (1968-1972) ise sübvansiyonlar ve fiyat destekleri arka plana itilmiş, bunun nedeni olarak da fiyatlardaki desteklemelerin, fiyatların aşırı yükselmesine ve yapısal sorunlara neden olması gösterilmiştir. Bundan dolayı, üretimi arttıracak, tarımsal desteklerin zamanla azaltılmasını sağlayacak altyapının kurulması, fiyat dışı teşviklerin verilmesi öngörülmüştür.

Üçüncü beş yıllık kalkınma planında da (1973-1977), ikinci beş yıllık kalkınma planında olduğu gibi fiyat destekleri değerlendirilmiştir. Desteklenen tarımsal ürünlerde yüksek fiyat politikasının uygulanması sonucu iç fiyatlar ile dünya fiyatları arasında oluşan büyük farkın giderilmesi için yeni bir fon kurulması öngörülmüştür. Bu plan döneminde Toprak ve Tarım Reformu kanunu çıkarılmış ancak, öncekinden farklı olarak kamulaştırılacak topraklar ilk sırada ele alınmıştır. Adı geçen kanunun uygulanması, Anayasa Mahkemesinin kamulaştırılan yerlerin değerinin piyasa bedeli üzerinden belirlenmesi kararı ile tam anlamıyla etkili olamamıştır (Yavuz, 2005: 47).

Üçüncü plan döneminde hedefler doğrultusunda hayvancılık, ormancılık ve balıkçılık alt sektörlerinde büyüme yaşanmış, buna karşın bitkisel üretimin toplam tarım üretimi içerisindeki payı azalmıştır. Bitkisel üretimdeki bu azalışa rağmen bitkisel ürün çeşitliliği önceki plan dönemine göre nispi olarak artış göstermiştir. Üretim artışlarının ardında yatan asıl neden, bu plan döneminde üretim teknolojilerinin ilerleme kaydetmesidir. Her ne kadar kapasite yeterli etkinlikte kullanılamamış olsa da traktör sayısı hedeflenenin üzerinde artmış, kimyasal gübre kullanımı bu dönemde hektar başına iki kat yükselmiştir. Sulanan alan ise 1,9 milyon hektardan 2,6 milyon hektar alana çıkmıştır (4. Beş Yıllık Kalkınma Planı, 1979: 9-10).

Dördüncü beş yıllık kalkınma planı (1979-1983) döneminde, tarımsal destekleme politikalarının düşük ve orta gelirli kesimi kayıracak şekilde düzenlenmesi öngörülmüştür. Ayrıca, tarımsal desteklerin üretim hedeflerini gerçekleştirebilecek şekilde dağıtılması planlanmıştır. Desteklemelerin, müdahale alımları, tarımsal eğitim, örgütlenme ve teknolojik gelişmeleri destekleyecek; tarım sektörüne ucuz girdi ve düşük faizli kredi sağlayacak şekilde ayarlanması düşünülmüştür. Yatırımlar ise verim ile üretim artışını hızlandıracak, makine-ekipman kullanımını artıracak, sulanan alanları genişletecek ve erozyonu önleyecek şekilde yapılacaktır. Bunlarla birlikte eş zamanlı olarak, toprak reformunun yapılması, kooperatifçiliğin geliştirilerek finansmanın kooperatifler yoluyla sağlanması ve dağıtılması planlanmıştır (4. Beş Yıllık Kalkınma Planı, 1979: 274, 281, 289).

Dördüncü beş yıllık plan döneminde önemli gelişmelerden bir tanesi de 24 Ocak 1980 ekonomik kararlarıdır. Bu tarihle birlikte Türk ekonomisine yön verecek yeni bir dönem başlamıştır. İthal ikameci politikalarının terk edilmesiyle birlikte yeni döneme yön verecek olan dışa açık ve ihracata yönelik politikalar ağırlık kazanmıştır. Bu durum yeni politikaların daha çok, sanayi, ulaştırma ve turizm sektörlerine ağırlık vermesi ile kısmen tarım sektörünün arka plana itilmesi şeklinde sonuçlanmıştır.

Beşinci beş yıllık kalkınma planı (1985-1989), tarım sektörüne, dış ticarete yönelik politikalar çerçevesinde yaklaşmıştır. Bunun için bitkisel üretim, hayvancılık, balıkçılık ve ormancılık alt sektörlerini ihracata yönlendirecek, üretimi geliştirme yönünde politikalar izlenmesi öngörülmüştür.

Destekleme politikaları ise, fiyat desteklerinin yol açtığı tarımsal üretimdeki dalgalanmaları giderecek ve üretimi yönlendirecek şekilde düzenlenmiştir. Fiyat dışı desteklemelerin ise ucuz girdi ve kredi sağlayacak, tarımsal eğitimi, kooperatifleşmeyi ve teknolojik yenilenmeyi destekleyici yapıda olması öngörülmüştür. Bunlarla birlikte yine toprak reformunun gerçekleştirilmesi, verimliliğin, sulanan arazilerin ve teknoloji kullanımının arttırılması hedeflenmiştir. Tarım yatırımlarında, kamu kesiminin, altyapı yatırımlarını gerçekleştirmesi, özel sektörün ise yatırımlarını tarımsal makine ve ekipmanın arttırılmasına yöneltmesi anlayışı benimsenmiştir (5. Beş Yıllık Kalkınma Planı, 1984: 53-56).

Altıncı beş yıllık kalkınma planı (1990-1994) tarım sektörünü beş alt başlık altında incelemiştir. Bu plan toprak ile su kaynakları, bitkisel üretim, hayvancılık, su ürünleri, ormancılık alanlarında ilkeler ve hedefler belirleyerek politikaları ortaya koymuştur. Planın, tarım sektörü için genel amacı, üretimin hava şartlarına bağımlılığını azaltmak, nüfusun gıda ihtiyacını karşılamak ve tarımsal ürünlerin ihracatını geliştirmektir. Amacı doğrultusunda, destekleme politikaları beşinci beş yıllık kalkınma palanı ile benzerlikler göstermektedir. Bu plan döneminde, öncekilerden farklı olarak, sulama alanları geliştirilecek, arazi toplulaştırma çalışmalarına hız verilecek, nadas alanları daraltılacak, hayvan ihracatı yerine işlenmiş hayvansal ürünlerin ihracatına önem verilecek, orman alanlarını ihtiyaca göre yeniden düzenlenecektir (6. Beş Yıllık Kalkınma Planı, 1989: 48-61).

Yedinci beş yıllık kalkınma planı, mukayeseli üstünlüğe sahip tarım ürünlerinin üretimine ve ihracatının artırılmasına ağırlık verilmesini, üretici gelirlerinde artışın ve istikrarın sağlanmasını amaç edinmiştir. Söz konusu dönemde (1996-2000) tarımsal alanların arttırılması imkanı azaldığından üretim artışı için verimliliğin yükseltilmesi gerekliliği vurgulanmıştır. Verimliliği arttırmak için sulanan alanların çoğaltılmasının yanında kaliteli ve verimli tohumluk kullanılması, gübre ile ilaç kullanımının arttırılması, uygun ekipman seçiminin yapılması, teknik eleman ve çiftçi eğitimine ağırlık verilmesi öngörülmüştür.

Ayrıca, bu planda tarım politikalarının, Dünya Ticaret Örgütü'nün tarım ile ilgili Kuruluş Anlaşmasındaki ve Uruguay Turu sonunda imzalanan anlaşmanın hükümlerine, bunun yanında Avrupa Birliği Ortak Tarım Politikasında belirlenen esaslara uygun olarak oluşturulacağı belirtilmiştir. Buna paralel olarak da destekleme politikalarının serbest rekabeti bozmayacak ve pazarın gelişmesine uygun yapıda olacağı vurgulanmıştır. Bu bağlamda tarım ürünleri fiyatlarına olan devlet müdahalesi ve girdi desteği azaltılarak kademeli olarak kaldırılacak, bunun yerine üreticilere doğrudan gelir desteği sağlanacaktır. Böylelikle, arz fazlası olan ürünlerde üretim azaltılarak iç ve dış talebi olan ürünlerin üretimine öncelik verilecektir (7. Beş Yıllık Kalkınma Planı, 1995: 60-62).

Önemli diğer bir gelişme, adı geçen planda tarım ürünleri için serbest piyasa ortamının oluşturulabilmesi için borsalar ve hallerin kurulması, bunlar için gerekli altyapının meydana getirilmesidir. Bunun için, Vadeli İşlemler Borsası kurulacağı belirtilmiştir. Tarım ve Köyişleri Bakanlığı'nın görevleri yeni bir yasa ile yeniden düzenlenecek, Tarım Satış Kooperatifleri ve Birlikleri iki ayrı faaliyet birimine ayrılarak özerk bir yapıya kavuşturulacak, Ziraat Odaları ve Ziraat Odaları Birliği Yasasında değişiklik yapılacak, Ziraat Odaları yeniden yapılandırılacak ve TEKEL Genel Müdürlüğü'nde kurumsal düzenlemeler gerçekleştirilecektir. Bu gibi düzenlemelerin yanında, su ürünleri sektörünün geliştirilmesi için Su Ürünleri Genel Müdürlüğü'nün, arıcılık sektörünün geliştirilmesi için ise Merkez Arıcılık Araştırama Enstitüsü'nün kurulması çalışmalarının başlatılacağı belirtilmiştir.

Ayrıca, tarımsal alanlarda kalkınmanın sürdürülebilir hale getirilebilmesi için ekolojik dengenin korunmasını sağlayacak önlemler alınacağına değinilmiştir (7. Beş Yıllık Kalkınma Planı, 1995: 63-64).

Sekizinci beş yıllık kalkınma planı, bir önceki plan ile benzerlikler göstermektedir. Sekizinci kalkınma planında, kaynakların etkin kullanımı ilkesi altında ekonomik, sosyal, çevresel ve uluslararası gelişmeler bir bütün olarak ele alınarak örgütlü, rekabet gücü yüksek, sürdürülebilir bir tarım politikası amaç edinilmiştir. Tarım politikası serbest rekabet ilkesini bozmayacak şekilde belirlenecek, desteklemeler ve devlet müdahaleleri piyasa fiyat oluşumunu bozmayacak şekilde yapılacak, kurumlar bu doğrultuda yeniden yapılandırılacaktır.

Sekizinci beş yıllık kalkınma döneminde, diğer planlardan farklı bazı konular dikkati çekmektedir. Bunların en başında, tarım sektörü ile ilgili her türlü konuda proje planlamasının ve yönetiminin esas alınmasıdır. Böylelikle özel sektörün katılımını sağlayacak kırsal kalkınma projelerinin oluşturulması ve uygulanması düşünülmüştür. Kırsal kalkınma projelerine diğer kurum, kuruluş ve üniversitelerin katılımını sağlamak da hedefler arasındadır. Bu planda adı geçen diğer bir konu ise gıda güvenliğidir. Gıda güvenliğinin sağlanması ile tarımsal ürünlerin kalitesi arttırılarak, uluslararası piyasalarda rekabet gücü yükseltilebilecek, bunun yanında toplumun sağlıklı, dengeli ve yeterli beslenmesi sağlanmış olacaktır.

Ekolojik dengenin korunması amacı ile bitkisel ürünlerin üretiminde kullanılan gübre, ilaç ve sulama girdilerinin, doğal kaynaklar ve çevre ile uyumlu kullanılması planlanmış, bunun için devletin vermiş olduğu gübre ve ilaç desteklerinin zamanla azaltılarak tamamen kaldırılmasına karar verilmiştir. Devletin yapmış olduğu destek alımları sonucu stok maliyetlerinin artması nedeniyle, şeker pancarı üretiminde kota uygulamasının devam ettirilmesi, fındık ve çay üretim alanlarının daraltılması kararı alınmıştır. Hayvancılık sektöründe ise verim ve üretimin artırılması, AB standartlarının yakalanması, üreticinin ihracata yönelik üretim yapması konuları öne çıkmaktadır. Su ürünlerinde de aynı hedefler belirlenerek, AB Ortak Balıkçılık Politikasına uyum esas alınmıştır. Ormancılık sektöründe AB'ye uyumun yanında çölleşmenin önlenmesi, ormanlık alanların korunması, sektör üreticilerini korumak amacıyla biyolojik çeşitliliğin artırılması ve bunların yapılabilmesi için Orman Kanunu'nun yeniden düzenlenmesi planlanmıştır (8. Beş Yıllık Kalkınma Planı, 2000: 131-141).

Dokuzuncu kalkınma planı döneminde (2007-2013), tarım sektörü için izlenecek politikalarda öne çıkan konular gıda güvenliğinin sağlanması, tarımsal üretimin sürdürülebilir hale getirilmesi, ekolojik dengenin korunması, AB Ortak Tarım ve Balıkçılık Politikasına uyumun, tarımsal ürünlerin verimliliğinin ve rekabet gücünün arttırılmasına yönelik hedeflerdir (9. Kalkınma Planı, 2006: 77-78).

Planlı dönemin başlaması ile günümüze kadar geçen sürede, tarım politikalarının etkin bir şekilde uygulanabildiğini ve başarılı sonuçlar alındığını söylemek oldukça zordur. Bunun arkasında yatan neden siyasi otoritenin oy kaygısı ile hareket ederek ya politikaları tam anlamıyla uygulamaktan kaçınması ya da keyfi hareketleridir. Tarım sektörü, potansiyeli yüksek olmasına rağmen gelişmiş ülkeler ile karşılaştırıldığında verimliliğin, kalitenin, üretimin, rekabet gücünün ve teknoloji kullanımının oldukça düşük olduğu göze çarpmaktadır. Tarımın, gerek ulusal gerekse küresel önemi göz önüne alındığında, Türk tarım sektörünün ciddiyetle ele alınması ve düzenlemelerin ivedilikle yapılması gerekmektedir.

DÖRDÜNCÜ BÖLÜM

MODELİN UYGULANMASI

1. UYGULAMANIN KONUSU VE AMACI

Tarım ürünleri dış ticaretini etkileyen birçok neden vardır. Serbest piyasa koşullarında doğal olarak, uluslararası arz ve talep seviyesi, tarım ürünlerinde dış ticaret miktarını belirleyecektir. Ancak, önceki bölümlerde de bahsedildiği gibi, özellikle tarım ürünlerinde dış ticaretin, ülkeler tarafından düzenlemelere tabi tutulduğunu ve kısıtlamalar ile karşılaştığını belirtmiştir. Bu bölümün konusu bu çerçeve içerisinde belirlenerek, tarım ürünlerinde ithalat ve ihracat incelenerek, söz konusu değişkenlerin bu ürünlerde ticaret miktarını ne derecede ve ne yönde etkilediği ortaya konulmaya çalışılacaktır.

Yapılan model çalışmasının amacı, tarım ünleri ticaretinin serbest piyasa koşullarından etkilenip etkilenmediği ya da ne miktarda etkilendiğini belirleyebilmektir. Serbest piyasa koşullarında uluslararası ticareti etkileyebilecek en önemli değişkenlerden iki tanesi olan döviz kuru ve fiyatlar genel seviyesidir. Bundan dolayı, modelde bağımsız değişken olarak döviz kuru ve gıda maddelerinde toptan eşya fiyat endeksi kullanılmıştır. Şüphesiz ki bu iki değişken tarım ürünleri ithalatı ve ihracatını doğrudan etkileyecek potansiyele sahiptir. Ancak bunun derecesini öğrenebilmek için modelimizi uygulamak gereklidir.

2. UYGULAMADA KULLANILAN DEĞİŞKENLER

Toplam tarım ürünleri ihracatının ve toplam tarım ürünleri ithalatının incelendiği bu çalışmada aşağıda verilen iki eşitlik oluşturulmuştur. Oluşturulan bu eşitliklerde toplam dört değişken kullanılmış, bunlardan ikisi içsel değişkenler diğer ikisi dışsal değişkendir. Her bir değişken için üç aylık veriler kullanılmış olup veri aralığı 1987-2005 yılları arasını kapsamaktadır.

Bu eşitliklerden birincisinde: toplam tarım ürünleri ihracatı (bx), döviz kuru (bdk), gıda ürünlerindeki toptan eşya fiyat endeksi (bgf), toplam tarım ürünleri ihracatı (bx) ve toplam tarım ürünleri ithalatının (bm) fonksiyonu olarak verilmiştir.

İkinci eşitlikte: toplam tarım ürünleri ithalatı (bm), döviz kuru (bdk), gıda ürünlerindeki toptan eşya fiyat endeksi (bgf), toplam tarım ürünleri ihracatı (bx) ve toplam tarım ürünleri ithalatının (bm) fonksiyonu olarak verilmiştir. Her iki eşitlikte de toplam tarımsal ihracat ve ithalatın aynı eşitlik içerisinde hem içsel (bağımlı) hem de dışsal (bağımsız) değişken olarak alınmasının ardında yatan neden bu iki değişkenin kendi aralarındaki ilişkiyi ortaya çıkarmaktır.

Eq1: bx = F(bdk, bgf, bx, bm)

Eq2: bm = F(bdk, bgf, bx, bm)

Birinci eşitlikte, eşitliğin sol tarafındaki değişken içsel değişken, eşitliğin sağ tarafındaki değişkenler dışsal değişkenlerdir. $\propto 0$ sabit katsayıdır. Verilen eşitliklere göre toplam tarım ürünleri ihracatı için belirlenen denklem şöyledir:

$$BX = \propto 0 + \propto 1BXt\text{-}1 + \propto 2BXt\text{-}2 + \propto 3BXt\text{-}3 + \propto 4\,BXt\text{-}4 + \propto 5\,BMt\text{-}1 + \propto 6BMt\text{-}2 + \propto 7BMt\text{-}3 + \propto 8\,BMt\text{-}4 + \propto 9\,BGF + \propto 10\,BGFt\text{-}1 + \propto 11\,BDK + \propto 12BDKt\text{-}1$$

İkinci eşitliğin sol tarafındaki değişken içsel değişken, eşitliğin sağ tarafındaki değişkenler dışsal değişkenlerdir. $\propto 0$ sabit katsayıdır. Toplam tarım ürünleri ithalatı için kurulan denklem şu şekildedir:

$$BM = \propto 0 + \propto 1BXt\text{-}1 + \propto 2BXt\text{-}2 + \propto 3BXt\text{-}3 + \propto 4BXt\text{-}4 + \propto 5BMt\text{-}1 + \propto 6BMt\text{-}2 + \propto 7BMt\text{-}3 + \propto 8BMt\text{-}4 + \propto 9BGF + \propto 10BGFt\text{-}1 + \propto 11BDK + \propto 12BDKt\text{-}1$$

3. UYGULAMA

Değişkenlerin, durağanlık durumunu anlamak amacıyla birim kök sınaması yapılmıştır. Birim kök sınaması içinde değişkenlerin durağan olmadığı, ancak birinci farklarının durağan olduğu tespit edilmiştir.

Değişkenleri durağan hale getirebilmek için aşağıdaki büyüme haddi formülü kullanılarak denklemlerin logaritmik artış temsilleri kullanılacaktır. Bu durumda tahmin edilecek katsayılar esnekliği verecektir.

Bunun için toplam tarım ürünleri ihracatı, toplam tarım ürünleri ithalatı, döviz kuru ve gıda ürünleri toptan eşya fiyat endeksinin ayrı ayrı logaritması alınacaktır.

$\ln(X/Y)=\ln X-\ln Y$

Değişkenlerden, X değişkeni için Xt-1 ile oranının logaritması alınmıştır. Böylece denklemimiz:

$\ln(X_t/X_{t-1})$ şeklinde olacaktır.

Aşağıda durağan hale getirilmeye çalışılan her bir değişken için grafiği verilmiştir.

Grafik 22. Toplam tarımsal ihracat

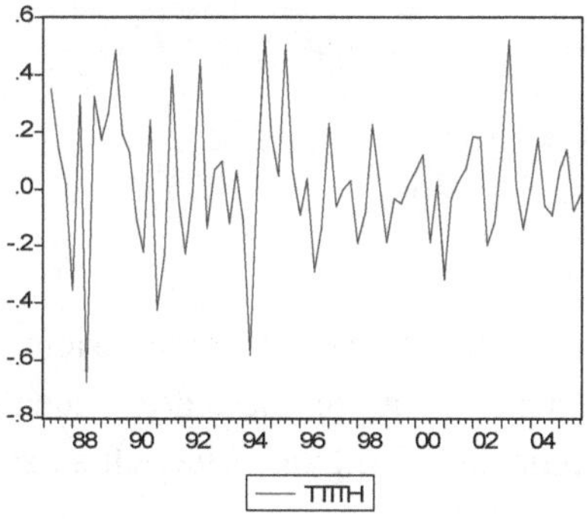

Grafik 23. Toplam Tarımsal İhracat

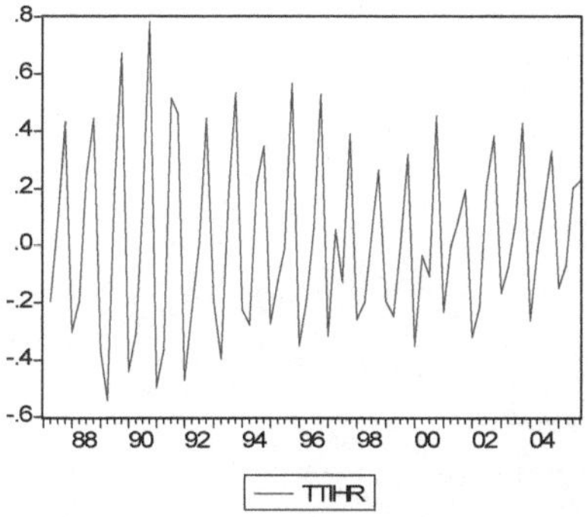

Grafik 24. Döviz Kuru

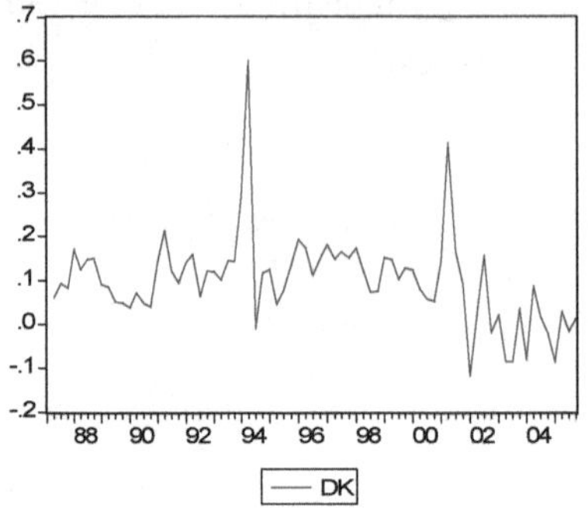

Grafik 25. Gıda ürünlerinde Toptan Eşya Fiyat Endeksi

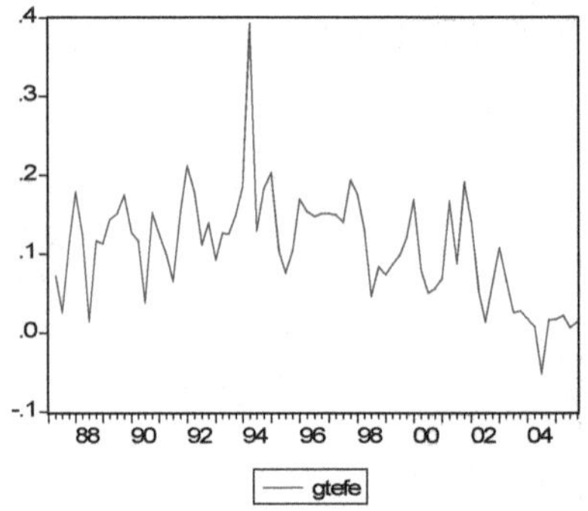

Modelimiz, E-Views programı yardımı ile, Vector Autoregression (VAR) tahmin testine tabi tutulmuştur. VAR tahmin testinin seçilmesindeki neden ithalat ile ihracatın birbirini sistematik olarak etkileme olasılığıdır. Elde edilen sonuçlar aşağıdaki gibidir.

Tablo 23. VAR Tahmin Analizi Sonucu

Vector Autoregression Estimates
Date: 08/08/07 Time: 14:35
Sample (adjusted): 1988Q2 2005Q4
Included observations: 71 after adjustments
Standard errors in ( ) & t-statistics in [ ]

	BX	BM

BX(-1)	-0.316941	-0.117136
	(0.13061)	(0.20537)
	[-2.42670]	[-0.57037]
BX(-2)	-0.370819	-0.306508
	(0.13656)	(0.21472)
	[-2.71549]	[-1.42745]
BX(-3)	-0.137319	-0.156033
	(0.14036)	(0.22071)
	[-0.97832]	[-0.70697]
BX(-4)	0.179902	0.279067
	(0.14029)	(0.22059)
	[1.28241]	[1.26511]
BM(-1)	0.001964	-0.207247
	(0.08016)	(0.12604)
	[0.02450]	[-1.64426]
BM(-2)	-0.053624	-0.160047
	(0.07132)	(0.11215)
	[-0.75183]	[-1.42706]
BM(-3)	0.049613	0.017413
	(0.06964)	(0.10951)
	[0.71240]	[0.15901]
BM(-4)	0.010145	-0.120948
	(0.06808)	(0.10705)
	[0.14902]	[-1.12982]
C	0.057876	0.047540
	(0.03481)	(0.05474)
	[1.66261]	[0.86853]
BGF	-0.506767	1.269896
	(0.35437)	(0.55721)
	[-1.43006]	[2.27902]
BGF(-1)	-0.113269	0.146870

	(0.35683)	(0.56109)
	[-0.31743]	[0.26176]
BDK	0.174999	-1.270847
	(0.21101)	(0.33180)
	[0.82934]	[-3.83021]
BDK(-1)	0.169858	-0.372569
	(0.23455)	(0.36881)
	[0.72420]	[-1.01020]

R-squared	0.300290	0.373082
Adj. R-squared	0.155522	0.243375
Sum sq. resids	0.941123	2.326920
S.E. equation	0.127382	0.200298
F-statistic	2.074286	2.876343
Log likelihood	52.73468	20.59914
Akaike AIC	-1.119287	-0.214060
Schwarz SC	-0.704993	0.200233
Mean dependent	0.014060	0.022348
S.D. dependent	0.138617	0.230269

Determinant resid covariance (dof adj.)	0.000651
Determinant resid covariance	0.000434
Log likelihood	73.33697
Akaike information criterion	-1.333436
Schwarz criterion	-0.504849

VAR testi sonuçlarına göre modelimiz şu sonucu vermiştir:

BX = 0.05787613674 - 0.3169410562 * BXt-1 - 0.3708187266 * BXt-2 - 0.1373187017 * BXt-3 + 0.1799023177 * BXt-4 + 0.001963721888 * BMt-1 - 0.05362407826 * BMt-2 + 0.04961318156 * BMt-3 + 0.0101452299 * BMt-4 - 0.5067673304 * BGF - 0.1132687081 * BGFt-1 + 0.1749990869 * BDK + 0.1698581776 * BDKt-1

BM = 0.04754026382 - 0.1171357117 * BXt-1 - 0.3065078097 * BXt-2 - 0.1560331448 * BXt-3 + 0.2790668294 * BXt-4 - 0.2072472767 * BMt-1 - 0.1600473686 * BMt-2 + 0.01741251892 * BMt-3 - 0.120947653 * BMt-4 +

1.269895657 * BGF + 0.1468700569 * BGFt-1 - 1.270847447 * BDK - 0.3725691897 * BDKt-1

Not: Yukarıdaki eşitliklerde verilen değişkenlerin tamamı logaritmik büyüme oranlarıdır.

4. SONUCUN YORUMLANMASI

Yapılan test sonuçlarına göre modelimizin birinci kısmı yüzde 30 oranında anlamlıdır. Tarım ürünleri ihracatında bir ve iki dönem önce yapılan ihracatın cari dönem ihracatı ile negatif ilişki içinde olduğu görülmektedir. Daha önceki dönemlerin ise cari dönemle bir ilişkisi yoktur. Bu sonuç bize tarım ürünleri ihracatının senenin belli bir döneminde yoğunlaştığını göstermektedir. İhraç edilen tarımsal ürünler yoğun olarak bitkisel ürünler olduğundan üretimin ve dolayısıyla ihracının belli bir dönemde yoğunlaşması doğaldır. Buna karşın gıda maddeleri toptan eşya fiyatlarında ve döviz kurunda meydana gelen değişmeler ihracatı etkileyecek düzeyde değildir. Ancak belirtmek gerekir ki, döviz kurundaki artışın ihracatı pozitif yönde etkileme, gıda maddeleri toptan eşya fiyatlarındaki artışın ise ihracatı negatif yönde etkileme potansiyeli vardır.

Modelimizin ikinci kısmı ise yüzde 37 anlamlılık düzeyindedir. Buna göre cari dönemdeki tarım ürünleri ithalatı, önceki dönemlerde gerçekleştirilen ithalat ve ihracat ile sistematik bir ilişki içinde değildir. Modelimizin birinci eşitliğindeki durumun tersine, ikinci eşitliğimizde gıda maddeleri toptan eşya fiyatlarıyla, tarımsal ithalat arasında pozitif bir ilişki görülmektedir. Buna göre, cari dönemde gıda maddeleri toptan eşya fiyatlarında bir birimlik büyüme ithalatta 0,26 büyümeye neden olmaktadır. Fiyatlardaki bu artış, yabancı ihracatçıyı Türk pazarına çekmektedir. Tüketici ise yerli ürünlerin fiyatlarındaki bu artış karşısında tercihlerini ithal ürünlerden yana kullanabilmektedir. Bunun yanında, döviz kuru da, tarım ürünleri ithalatına önemli derecede etki etmektedir. Ancak bu etki kendisini negatif yönde göstermektedir. Döviz kurundaki bir birimlik büyüme ithalatta 0,27 birimlik azalmaya neden olmaktadır. Diğer bir ifade ile tarımsal ithalatın döviz kuruna esnekliği -0,27'dir ve döviz kurundaki değişim etkisini cari dönemde göstermektedir. Bu sonucun elde edilmesi doğaldır; ulusal paranın yabancı para karşısında değer kaybetmesi yabancı para cinsinden satın alınan tarımsal ürünü pahalı hale getirerek talebini azaltacaktır.

Modelimizde anlamlılık düzeylerinin yüksek olmaması modelin tarımsal ihracat ve ithalatı önemli derecede açıklayamadığını göstermektedir. Bu sonuç şaşırtıcı değildir. Uluslararası düzeyde, özellikle tarım ürünleri ticareti serbest piyasa koşulları altında gerçekleştirilememektedir. Birçok ülke tarım ürünleri ithalatına tarife veya tarife dışı engellerle kısıtlamalar getirmektedir. Bu nedenle serbest piyasa koşulları işlemediğinden, tarımsal mallar için ticaret hadlerinin arz-talep ve/veya fiyat mekanizması tarafından serbestçe etkilenmeleri mümkün olamamaktadır.

SONUÇ

20. yüzyılda teknoloji ve telekomünikasyon alanında yaşanan hızlı ilerleme, kaçınılmaz olarak küreselleşmeye hız kazandırmıştır. Üretim, faktör fiyatlarının ucuz olduğu bölgelere kaymıştır. Bu süreçte yabancı sermayeyi doğru yöne aktarabilen ülkeler, kalkınma hamlelerini gerçekleştirebilmişlerdir. Dışa açık ekonomilerin kalkınma hamlelerini daha hızlı gerçekleştirmesi diğer ülkeler tarafından da model olarak alınmıştır. 1991 yılında Sovyetler Birliği'nin çökmesiyle birlikte serbest piyasa düzeninin önündeki engeller büyük oranda ortadan kalkmıştır.

Devam eden bu küreselleşme sürecinde, diğer bir gelişme de, eş zamanlı olarak gerçekleşen bütünleşme eğilimleridir. İkinci Dünya Savaşı'nın hemen ardından, Avrupa kıtasında başlayan bütünleşme çabaları başarılı sonuçlar elde etmiştir. Bu sonuçlardan esinlenerek, diğer ülkeler de kendi aralarında belli seviyelerde bütünleşmeler gerçekleştirmeyi başarmışlardır. Bu entegrasyonlar belli oranlarda küreselleşme eğilimini kısıtlasa da genel anlamda destekler niteliktedirler. Öyle ki bütünleşmeler, bir miktar, dışa karşı mal ve faktör mobilitesini engellemekle birlikte, bütünleşen ekonomiler arasında hareketliliğin artışını desteklemişlerdir.

İkinci Dünya Savaşı sonrasında özellikle uluslar arası ticaret önündeki engelleri bertaraf etmek amacıyla, dünya ticaretini düzenleyecek bir kurumun kurulması hedeflenmiş ancak, çabalar 1996 yılında Dünya Ticaret Örgütü'nün kurulmasına kadar başarılı olamamıştır. Bu tarihe kadar ülkeler, GATT ve ikili anlaşmalar yoluyla dış ticareti serbestleştirmeye çalışmışlardır.

Uluslararası ticaretin serbestleştirilebilmesi için en büyük çabayı gelişmiş ülkeler göstermiştir. Buna karşın serbest dış ticaretin önüne en büyük engelleri yine gelişmiş ülkeler koymuştur. Özellikle tarım ürünleri dış ticareti, tarife ve/veya tarife dışı engeller ile kısıtlanmış, bunu da en başta ABD ile AT üyesi ülkeler yapmıştır. ABD ve AT arasında geçen tartışmalardan dolayı GATT, tarım ürünleri ticareti önündeki engellerin kaldırılmasında etkili olamamıştır.

Türkiye açısından bakıldığında, Cumhuriyet'in ilan edildiği tarihten bu yana, tarım ürünlerinin dış ticaret içindeki payı yüksek olduğundan, GATT'ın önemi büyüktür. Tarım ürünleri ticaretinde en önemli gelişme GATT Uruguay Turu görüşmelerinde sağlanmıştır. Türkiye de bu anlaşmaya taraf ülke olduğundan, ihracat sübvansiyonlarını on yıl içerisinde değer olarak yüzde 24, miktar olarak yüzde 14 azaltacağını; gümrük tarifelerini on yıl içerisinde her ürün için yüzde 10, ortalama olarak ise yüzde 24 oranında düşüreceğini; girdi sübvansiyonlarını terk ederek doğrudan gelir desteği uygulamasına geçeceğini taahhüt ve kabul etmiştir. Ancak, Türkiye, AB ile yapmış olduğu Ortak Gümrük Tarifesi Anlaşması çerçevesinde gümrük tarifelerinde, OGT hadlerini en düşük tarife haddi olarak uygulayabilme hakkını saklı tutacağını beyan etmiştir.

Diğer bir konu ise Türkiye'nin AB'ye aday ülke olmasından kaynaklanan, AB Ortak Tarım Politikasına uyumudur. Türk tarım sektörünün ekonomiden aldığı payın büyüklüğü, sağladığı istihdam seviyesi, tarımsal işletmelerin yapısı, emek gücünün yoğunluğu, arazi dağılımı, girdi kullanımı ve girdi maliyetleri gibi konularda AB standartlarının altında kalması nedeniyle OTP'ye uyumun büyük güçlükler yaratacağı aşikârdır. Bunun yanında, uyum için gerekli olan mali desteğin sağlanmasında, Türkiye, diğer üye ülkelerin adaylık süreçlerinde olduğu kadar şanslı olmayacaktır. Türkiye'nin OTP'ye uyumu karşısındaki durumu, üyelik sürecini de etkileyecektir. Türkiye'nin dış ticareti içinde AB'nin payı büyük olduğundan, tarım ürünleri ticareti açısından OTP'ye uyum sağlaması oldukça önemlidir. Türkiye'nin AB ile imzalamış olduğu GB anlaşması çerçevesinde tarım ürünlerinde serbest ticaretin sağlanması, OTP'ye uyum şartına bağlanmıştır.

Yapısal sorunlarına rağmen Türk tarım sektörü, büyük potansiyele sahiptir. Türkiye, tarımsal üretimdeki sorunlara karşın birçok tarımsal üründe, dünya piyasalarında üstünlüğe sahiptir. Ancak, modelimizden elde edilen sonuçlara göre, bu üstünlüğün kullanılamamasının arkasında yatan asıl nedenin, dünya tarım ürünleri ticaretine getirilen engellerin olduğu anlaşılmaktadır.

Modelimizde yapılan VAR tahmin analizi testi sonucunda elde edilen bulgulara göre, Türkiye'nin tarım ürünleri ihracatı, döviz kuru ve iç piyasa fiyatlarından etkilenmemektedir. Elde edilen bu sonuç, tarım ürünlerinde serbest ticaretin önüne konulan engellerin varlığını gözler önüne sermektedir. Türk lirasının yabancı para karşısında son 20 yılda değer kaybetmesine karşın, yani mal fiyatlarının ithalatçı ülkeler için sürekli ucuzlamasına rağmen, Türk tarım ürünleri ihracatı bir artış kaydedememiştir. Buna karşın, Türk Tarım ürünleri ithalatı hem döviz kurundan hem de iç piyasa fiyatlarından etkilenmektedir. Döviz kurundaki artışın doğrudan ithal ürünlerin fiyatlarının artması anlamına geldiğinden, tarım ürünleri ithalatı azalmaktadır. Bunun yanında iç piyasa fiyatları yükseldiğinde tarım ürünleri ithalatı da artmaktadır. Türkiye tarım ürünleri ithalatına önemli bir kısıtlama getirmediğinden iç piyasa fiyatlarındaki artış, yabancı ihracatçıyı da kendisine çekmektedir. Tüketiciler de fiyatları eşitlenen ya da en azından birbirine yaklaşan ürünlerde ithal ürünleri yerli ürünlere tercih etmektedirler.

Sonuç olarak tarım ürünleri ticaretine getirilen engeller nedeniyle Türk tarım ürünleri ihracatı kısıtlanmakta ve bu ürünlerde serbest piyasa koşulları işlememektedir.

KAYNAKÇA

KİTAPLAR

Alpar, C., Ongun, M. T. (1998): Dünya Ekonomisi ve Uluslararası Ekonomik Kuruluşlar, İstanbul: Evrim Basım Yayım Dağıtım

ASAM (2002): Gümrük Birliği'nin Türk Ekonomisi ve Bütçesine Etkilerinin Analizi, Ankara

Aysu, A. (2001): Türkiye'de Tarım Politikaları, İstanbul: Özgün Yayınları

Barclay, C. (1999): British Farming and Reform of the Common Agriculture Policy, House of Commons Library

Barton, J. H., Goldstein, J. L., Josling, T. E., Steinberg, R. H. (2006): The Evalutian of The Trade Regime: Politics, Law, And Economics of The GATT And The WTO, New Jersey: Princeton University Press, 1'th Edition

Bayraktutan, Y. (2004): Global Ekonomide Bütünleşme Trendleri Bölgeselleşme ve Küreselleşme, Ankara: Nobel Yayın Dağıtım, 2. Baskı

Büyüktaşkın, Ş. (1997): Dünya Ticaret Sistemi, Ankara: 1. Baskı

Can, F. (2005): Avrupa Topluluğunda Tarımsal Ürünlere Yönelik Destekler ve Çiftçilere Yapılan Yardımlar, Ankara: T. C. Başbakanlık Avrupa Birliği Genel Sekreterliği

Cleaver, T. (2002): Understanding World Economy, Routledge, London

Das, D. K. (2004): Economic Dimensions of Globalization, USA: Gordonsville

Dedeoğlu, B. (1996): Adım Adım Avrupa Birliği, İstanbul: Çınar Yayınları

DİE (2001): Genel Tarım Sayımı, Ankara: Türkiye İstatistik Kurumu Matbaası

DPT (2000): Sekizinci Beş Yıllık Kalkınma Planı, Ankara: Küreselleşme Özel İhtisas Komisyonu Raporu

DTM (1999): Avrupa Birliği ve Türkiye, Ankara: 4. Baskı

Efe, B. (2002): Küreselleşme Sürecinde Doğrudan Yabancı Sermaye Yatırımlarının Analizi: İzmir Örneği, İzmir: İzmir Ticaret Odası

Ertürk, E., 1993, Ekonomik Entegrasyon Teorisi, Bursa: Ezgi Kitabevi, 1. Baskı

Eşiyok, B. A. (2004), Kalkınma Sürecinden Tarım Sektörünün Ekonomideki Yeri, Yapısı ve Gelişme Dinamikleri (1923-2004), Ankara: Türkiye Kalkınma Bankası Yayınları, Cilt 1

European Communities Directorate General for Agruculture (2004): The Common Agrucultural Policy Explained, Germany: Eugene Leguen de Lacroix

European Economic and Social Committee (2005): Financing of the CAP, Opinion of the European Economic and Social Committee on the Proposal for a Council Regulation on the Financing of the Common Agricultural Policy, Brussels

European Economic and Social Committee (2005), Rural Development/EAFRD, Opinion of the European Economic and Social Committee on the Proposal for a Council Regulation on Support for Rural Development by the European Agrucultural Fund for Rural Development (EAFRD), Brussels

European Union Committee (2005): The Future Financing of the Common Agricultural Policy, London: The Stationery Office Limited, House of Lords, Volume 1: Report

Green, D., Griffith, M. (2002): Dumping on the Poor: The Common Agricultural Policy, London: The WTO and International Development, CAFOD

Günuğur, H. (1996): Ortaklık Anlaşmaları ve 6 Mart 1995 Ortaklık Konsey Toplantısı Kararları Işığında Gümrük Birliği, Ankara: Türkiye Cumhuriyeti Merkez Bankası Avrupa Birliği ve Türkiye-Avrupa Birliği İlişkileri Semineri, Avrupa Birliği El Kitabı, 3. Baskı

Gürbüz, M. (2005): Türkiye İçin Tarım: Durum-Sorun ve Çözüm Arayışları, İstanbul: TEMA Vakfı Yayınları

Hoekman, B. M., Kostecki, M. M. (1995): The Political Economy of The World Trading System: from GATT to WTO, New York: Oxford University Press, 1'th Edition

İyibozkurt, E. (1994): Türkiye-AT Gümrük Birliği, Bursa: Ezgi Kitabevi Yayınları

İyibozkurt, E. (1999): Küreselleşme ve Türkiye, Bursa: Ezgi Kitapevi Yayınları, 1. Baskı

Josling, T. E., Tangermann, S., Warley, T. K. (1996): Agriculture in the GATT, New York: St. Martin's Press, 1. Baskı

Kalaycıoğlu, S. (1991): Dış Ticarette Korumacılık ve Liberasyon: Teori ve Dünyadaki Uygulamalar, İstanbul: Beta Basım Yayın, 1. Baskı

Karluk, S. R. (1996): Uluslararası Ekonomik Kuruluşlar, İstanbul: Tütünbank Yayınları, 3. Baskı

Karluk, S. R. (1998): Uluslararası Ekonomi, İstanbul: Beta Yayınları, 5. Baskı

Karluk, S. R. (2003): Avrupa Birliği ve Türkiye, İstanbul: Beta Yayınları, 8. Baskı

Kazgan, G. (2002): Küreselleşme ve Ulus Devlet Yeni Ekonomik Düzen, İstanbul: İstanbul Bilgi Üniversitesi Yayınları

Kirshner, O. (1996): The Bretton Woods-GATT System: Retrospect and Prospect After Fifty Years, New York: M. E. Sharpe Inc., 1'th Edition

Krugman, P. (2001): Bunalım Ekonomisinin Geri Dönüşü, İstanbul: Literatür Yayınları

Kural, K., Karakeçili, F., Sakızlıoğlu, A. (1995): GATT Normları ve Uluslararası Bütünleşmeler Açısından Devlet Yardımları, Ankara: DPT

Mavroidis, P. C. (2005): The General Agreement on Tariffs and Trade, New York: Oxford University Press, 1'th Edition

Milli Prodüktivite Merkezi (2002): Tarımda Doğrudan Gelir Desteği ve Verimlilik, Ankara: Milli Prodüktivite Merkezi Yayınları

Petras, J., Veltmeyer, H. (2006); Çokuluslu Şirketler Yargılanıyor, İstanbul: Kalkedon Yayınları

Salvatore, D. (2007): International Economics, USA: Wiley

Schiff, M., Winters, L. A. (2003): Regional Integration and Development, Washington: World Bank

Siebert, H. (1999): World Economy, London: Routledge

Şatıroğlu, K. D. (1984): Çokuluslu Şirketler, Ankara: AÜ SBF ve Basın-Yayın Yüksekokulu Basımevi

TÜİK (2006): Tarım İstatistikleri Özeti 1986-2005, Ankara: Türkiye İstatistik Kurumu Yayınları

TÜSİAD (2003): Dünya Ticaret Örgütü, Lebib Yalkın Yayımları, Yayın No: TÜSİAD-T/2003/9/360

United Nations (2005): Prospects For Foreign Direct Investment and the Strategies of Transnational Corporations 2005-2008, New York and Cenevre: United Nations Conference on Trade and Development,

Uzunoğlu, S., Alkin, K., Gürlesel, C. F., Civelek, U. (2001): Tarım Kesiminde Yeniden Yapılanma, İstanbul: İTO, Prive Grafik ve Matbaacılık

Waters, M. (1996): Globalization, New York: Routledge

Wichern, R. (2004): Economics of The Common Agricultural Policy, Brussels: European Commission Directorate-General for Economic and Financial Affairs Publications

WTO (2006): International Trade Statistics 2006, Switzerland: WTO Publications

WTO (2007) Understanding The WTO, Switzerland: WTO Publications

Yavuz, F. (2006): Türkiye'de Tarım, Ankara: T. C. Tarım ve Köyişleri Bakanlığı Strateji Geliştirme Başkanlığı

DERGİLER VE MAKALELER

Avrupa Komisyonu Türkiye Delegasyonu, (2006): "Tarım ve Kırsal Kalkınma" Görünüm Dergisi, Sayı 3

Ay, A., Yapar, S. (2005): "Dünya Ticaret Örgütü Tarım Anlaşması ve Türkiye", Selçuk Üniversitesi Sosyal Bilimler Enstitüsü Dergisi, Sayı 13

Bayraktutan, Y. (2003), "Bilgi ve Uluslararası Ticaret Teorileri", C. Ü. İktisadi ve İdari Bilimler Fakültesi Dergisi, Cilt 4, Sayı 2

Guyomard, H., Bureau, J. C., Gohin, A., Mouel, C. L. (2000): "Impact of the 1996 US FAIR Act on the Common Agricultural Policy in the World Trade Organisation context: the decoupling issue", Food Policy, Elsevier Science Ltd., France

Kaminsky, G. L., (2005): "International Capital Flows, Financial Stability and Growth", DESA Working Paper, Sayı 10

Morgil, O. (2003): "Ekonomik Açıdan Türkiye Avrupa Birliği İlişkileri ve Gümrük Birliğinin İşleyişi", TİSK İşveren Dergisi, Ocak 2003

Yalçınkaya, N, Yalçınkaya, M. H., Çılbant, C. (2006): "Avrupa Biriliği'ne Yönelik Düzenlemeler Çerçevesinde Türk Tarım Politikaları ve Sektörün Geleceğine Üzerine Etkisi", Yönetim ve Ekonomi Dergisi, Cilt: 13, Sayı: 2

İNTERNET KAYNAKLARI

Bayraç, H. N., Yenilmez, F. (2005): "Türkiye Tarımının Avrupa Birliği Ortak Tarım Politikasına Uyumu", www.e-konomistdergi.com, Erişim Tarihi: 17.07.2007

DPT (1979): Dördüncü Beş Yıllık Kalkınma Planı, http://ekutup.dpt.gov.tr/plan/plan4.pdf, Erişim Tarihi: 10.08.2007

DPT (1984): Beşinci Beş Yıllık Kalkınma Planı, http://ekutup.dpt.gov.tr/plan/plan5.pdf, Erişim Tarihi: 10.08.2007

DPT (1989): Altıncı Beş Yıllık Kalkınma Planı, http://ekutup.dpt.gov.tr/plan/plan6.pdf, Erişim Tarihi: 10.08.2007

DPT (1995): Yedinci Beş Yıllık Kalkınma Planı, http://ekutup.dpt.gov.tr/plan/plan7.pdf, Erişim Tarihi: 10.08.2007

DPT (2000): Sekizinci Beş Yıllık Kalkınma Planı, http://ekutup.dpt.gov.tr/plan/plan8.pdf, Erişim Tarihi: 10.08.2007

DPT (2006): Dokuzuncu Kalkınma Planı, http://ekutup.dpt.gov.tr/plan/plan9.pdf, Erişim Tarihi: 10.08.2007

Eraktan, G., Ören, N. (2005): "AB Ortak Tarım Politikası, Reform Süreci ve Türkiye'ye Etkileri", Ankara: Türkiye Ziraat Mühendisliği VI. Teknik Kongresi, 1. Cilt, Sayı: 23-33, http://www.zmo.org.tr/etkinlikler/6tk05/02gulcaneraktanson.pdf, Erişim Tarihi: 10.08.2007

Ertuğrul, C. (2003): Türk Tarımının OTP'ye Uyumunun Olası Ekonomik Etkileri, Akdeniz Üniversitesi, AB Giriş Sürecinde Türk Tarımı Paneli, http://www.zmo.org.tr/etkinlikler/abgst03/06.pdf, Erişim Tarihi: 17.07.2007

http://ekutup.dpt.gov.tr/program/2005/ekogel2.html, Erişim Tarihi: 27.07.2007

http://globalization.kof.ethz.ch, Erişim Tarihi: 15.07.2007

http://stat.wto.org/TechnicalNotes/DataSetTechnicalNotes_E.htm#Data_Notes, Erişim Tarihi: 15.07.2007

http://www.abgs.gov.tr/index.php?p=264&l=1, Erişim Tarihi: 15.07.2007

http://www.dtm.gov.tr/dtmadmin/upload/EAD/15.pdf, Erişim Tarihi: 15.07.2007

http://www.dtm.gov.tr/dtmadmin/upload/IHR/genel.doc, Erişim Tarihi: 1.8.2007

http://www.wto.org/english/thewto_e/minist_e/min01_e/mindecl_e.htm#agriculture, Erişim Tarihi: 09.07.2007

http://www.wto.org/english/thewto_e/minist_e/min05_e/final_text_e.htm#argric, Erişim Tarihi: 09.07.2007

http://www.wto.org/english/tratop_e/agric_e/agboxes_e.doc, Erişim Tarihi: 09.07.2007

http://www.wto.org/english/tratop_e/dda_e/draft_text_gc_dg_31july04_e.htm#para, Erişim Tarihi: 1.8.2007 http://www.zevkli.org/serbest-bolgeler-teorik-yaklasim-t558297.html?s=508ff77a1476 5ede6af4e6bc0218084a& Erişim Tarihi: 10.6.2007

http://www.zmo.org.tr/etkinlikler/abgst03/02.pdf, Erişim Tarihi: 13.07.2007 (Glucksman)

Özcan, H. A., Dünden Bugüne Dış Ticaretimizdeki Gelişmeler, DPT, http://www.dtm.gov.tr/dtmadmin/upload/EAD/TanitimKoordinasyonDb/dnbgdisticozsay.doc, Erişim Tarihi: 12.08.2007

Sabır, H., Gelişmekte Olan Ülkeler Arasında Ekonomik Entegrasyon: MERCOSUR Örneği, http://www.dtm.gov.tr/dtmadmin/upload/EAD/TanitimKoordinasyonDb/gelismekte.doc Erişim Tarihi: 30.12.2007

Şahinöz, A., Dünya Ticaret Örgütü'nün Dönüşümü, http://www.zmo.org.tr/etkinlikler/ktts02/20.pdf, erişim tarihi: 8 Temmuz 2007

Türkiye-AB Arasında Gümrük Birliğini Tesis Eden 1/95 Sayılı Ortaklık Konseyi Kararı, www.abgs.gov.tr/files/_files/Gumruk_Isbirligi/1-95.doc , Erişim Tarihi: 15 Temmuz 2007

UNECE, http://www.unece.org/stats/, Erişim Tarihi: 1.8.2007

Varol, S. (2003): AB Ortak Tarım Politikasının Dünü, Bugünü, Yarınları, Dış İlişkiler ve AT Koordinasyon Dairesi Başkanlığı Tarafından Gerçekleştirilmiş Olan Hizmet İçi Eğitim Programı http://www.tarim.gov.tr/kurumsal/birimler/merkez/diatk/web/sunumlar/sinanvarol-sunus.ppt, Erişim Tarihi: 17.07.2007

Druck:
CPI Druckdienstleistungen GmbH
im Auftrag der
Kolibri 360 GmbH
Ferdinand-Jühlke-Str. 7
99095 Erfurt

FSC
www.fsc.org
MIX
Papier | Fördert
gute Waldnutzung
FSC® C083411

Kolibri 360 GmbH
Ferdinand-Jühlke-Straße 7
99095 Erfurt, Deutschland
produktsicherheit@kolibri360.de